存疑利益与法律

金　晶◎著

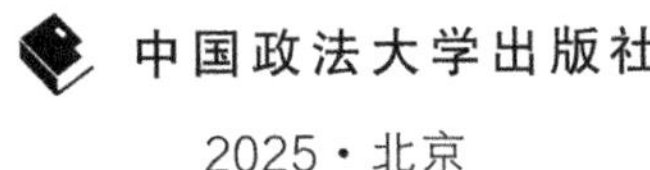
中国政法大学出版社

2025 · 北京

图书在版编目（CIP）数据

存疑利益与法律 / 金晶著. -- 北京 : 中国政法大学出版社，2025. 6. -- ISBN 978-7-5764-2150-7

Ⅰ. D920.4

中国国家版本馆CIP数据核字第20254F350U号

出 版 者　中国政法大学出版社

地　　址　北京市海淀区西土城路 25 号

邮　　箱　fadapress@163.com

网　　址　http://www.cuplpress.com (网络实名：中国政法大学出版社)

电　　话　010-58908524(第六编辑部) 58908334(邮购部)

承　　印　保定市中画美凯印刷有限公司

开　　本　720mm×960mm　1/16

印　　张　13.75

字　　数　200 千字

版　　次　2025 年 6 月第 1 版

印　　次　2025 年 6 月第 1 次印刷

定　　价　59.00 元

摘要

法律制度，从一定意义上来说，是一种利益分配制度。国家通过立法程序将社会中的资源和权力分配给不同的个体和群体，并将结果固定于法律文本之中。在法律文本中，涉及的利益往往无法被完全明确和详尽地规定。这可能导致某些利益的存在具有不确定性，即存疑利益。法律制度通过一定的方法，诸如推定、拟制等，对存疑利益进行权衡，以确保公正和合理的利益分配。对于仍然存在不确定性的利益，在具体案件中，裁判者可以通过自由裁量的方法，根据事实、法律规则和公正原则做出最终决定。简言之，法律制度作为利益分配制度，包含了利益的基础分配、存疑利益的初次分配以及存疑利益的再次分配三个环节。本书重点关注的，即为存疑利益的初次分配环节和再次分配环节。

法律是面向社会的规范和制度，而社会是一个复杂多元的系统，涉及人的行为、价值观念、经济关系、社会结构等方面。法律在实现社会控制和促进社会秩序的过程中，为了更好地理解社会和人的行为，需要借助其他学科领域的知识、研究方法和研究成果等，以便制定有效的法律规范和政策。在研究存疑利益的过程中，自然科学可以提供关于自然环境、科技进步、生物学等方面的知识，帮助法律应对环境问题、科技创新和生物伦理等领域的挑战。经济学对于不确定性和风险的区分，政治学对于国家意志、公共资源的关注，社会学关于社会结构、社会关系、社会变迁等方面的知识，伦理学中的道德运气，以及心理学视角对于不确定性的认知差异及思维惯性，都为我们在法律层面上认知、分析存疑利益提供了有价值的帮助。法律通常是为了保护和促进特定利益而制定的，而社会生活和人类行为的复杂性导致了各种不确定性的存在。法律无法穷尽所有情况和利益，因此存疑利益是不可避免的。

法律中存疑利益的形成主要是由自然方面的原因、社会方面的原因以及法律方面的原因造成的。自然因素是存疑利益形成的背景和条件之一。自然因素指的是与个人出生及个体差异相关的因素以及运气因素。这些因素并非个人可以控制，但却对法律上的利益影响巨大。社会原因包括社会变迁以及公众舆论。社会变迁是指人类社会从一种状态向另一种状态的演变和转变，涵盖了包括政治、经济、科技、文化等在内的各种领域的发展和变化。这种变化发展引发了新的利益诉求和冲突，导致原有的利益格局被重新定义，旧有的利益可能会受到威胁或削弱，同时新的利益也会出现。公众舆论可能促使政府或立法机构考虑采取行动，推动相关的立法进程。公众舆论对个案的关注可能会对法院和法官产生一定的压力和影响，热点个案的审判结果也可能会引发公众对现有法律的质疑，进而影响司法改革的方向和速度。法律自身的原因，包括法律文本的模糊性、法律案件事实的真伪不明，二者都可能导致存疑利益的产生。一方面，有些法律条文可能存在词语解释模糊、法律概念不明确或表述不清等问题，这样的模糊性可能导致不同的解释和理解；另一方面，在某些案件中，如果无法确定法律案件事实的真相，可能会对当事人的权益产生影响。

法律对于存疑利益的分配应当遵循一定的原则。作者认为法律对于存疑利益的分配应当遵循弱者保护原则、大数法则原则、社会效果原则以及证明责任原则。弱者保护原则是分配存疑利益的核心原则。尽管法律面前人人平等的理念已被普遍接受，但实际上人与人之间确实存在差异，包括社会地位、财富、权力、能力等方面的差异，这种差异平衡的方式通常涉及对弱势群体的倾斜保护。法律试图缩小或消除那些非因自身行为造成的差异，使人们在法律面前能够实然地享有平等。大数法则原则是指通过平均人的行为和多数人的行为所表现出来的持续性状态或稳定性倾向的规则性集合系统，其本身不涉及道德善恶的判断，作为存疑利益分配原则的大数法则是包含了合理性和道德性的大数法则。社会效果原则是指在存疑利益分配过程中，应该考虑到对整个社会的利益和效果，强调社会整体的福祉、公平、稳定和可持续发展，以达到最大化社会效益的目标。证明责任原则是分配存疑利益的一项程序性原则，旨在通过程序方法化解实体争议，指的是由主张权利的一方承担证明其主张的责任，如果当事人无法提供足够的证据来支持其主张，法律可能会判定存疑利益不予认可或保护。

法律中的存疑利益不是一幅完整的图画，而是一张张拼图，这些拼图散落在法律的方方面面、角角落落。因此，对存疑利益的微观分析，无法采用本体论的结构，分析主体、内容、范围、时间、结构等。本书将采用方法论的视角，按照法律思维逻辑方法对存疑利益进行微观层面的分析。

法律对于存疑利益的分配，从环节上看，可以分为初次分配和再次分配两个环节，初次分配的主要方式是推定和拟制，而再次分配则留给法律适用中的自由裁量。推定和拟制在法学领域是两个使用较为混乱的概念。本书中的推定，以推定对象为划分标准，分为事实推定与权利推定，前者的推定对象为未知事实或者待证事实，后者的推定对象为默示权利以及新型权利。法律在适用过程中，需要将案件事实与法律规范中的要素、条件或标准进行匹配和比较，以确定法律规范是否适用于给定的事实情况。这里的基础性问题是案件事实是否查明，如果认为案件事实已经查明，那么适用的将是关于实体纠纷的法律规范，如果认为案件事实没有查明，那么适用的将是有关程序的法律规范。两种不同种类的法律规范的适用，对当事人的利益影响巨大。此外，由于社会生活的复杂性，不可避免地存在一些应该被法律保护的利益或应该被转化为法律权利但尚未被列入法律的权利。对于这部分存疑利益，有必要通过立法或法律的适用来予以权利确认或认可。权利推定是一种法律推理的方法，通过从既有的权利事实出发，推断或假定存在某些未明确规定的权利，从而使法律能够适应社会的变迁和发展。社会是不断变化的，新的情况和问题不断涌现，而法律的制定和修订需要时间和程序。在这个过程中，有些利益事实可能尚未被具体法律条文所规定，或者现有的法律规定已经无法完全适应社会的需求。这时，通过权利推定，法律可以根据既有的权利事实和社会公认的价值观，合理地推断、确认或认可一些应有的权利，以填补法律中的空白或满足新兴的权利需求。权利推定使得法律可以灵活地适应社会变迁，促进法律的发展与进步。它允许法律根据具体情况和社会共识，推断出一些未明确规定的权利，并给予相应的保护和认可。这有助于法律保持与时俱进，满足社会的变化和发展需求，同时也确保了个人和群体的权益得到合理的保护。

拟制也是法律对于存疑利益初次分配的重要方法。拟制，从宏观层面理解，即“法律拟制就是立法者以拟制这种思维方式，在个别的社会事实中归纳、总结和提升抽象规范的活动”；从微观层面理解，即“拟制是法律现实层面的一种决断性虚构”。法律拟制通过对法律主体、意思表示、法律行为、法律事实等设置拟制规则，以处理法律中的存疑利益。

如果说法律对于存疑利益的分配，在法律制定过程中，已经呈现在法律文本之中并通过权利推定的运行机制，使得法律可以灵活地适应社会变迁。在法律适用过程中，法律对于存疑利益的终极分配需要通过自由裁量来实现。自由裁量可以分为区间型、类比型、方向型、开放型，通过对自由裁量类型化的考察，裁判者可以根据存疑利益的性质、当事人的权益平衡、社会公共利益等因素，运用其自由裁量权来决定存疑利益的分配方式。与此同时，裁判者的自由裁量权也需要在法律框架和法律准则的限制下行使。法律对自由裁量权的范围和界限进行规定，以确保裁判者在行使自由裁量权时不滥用权力或违背法律原则。裁判者在权衡各种因素时可以根据自己的专业判断和价值观进行权衡和决策，以达到公正和合理的结果。

在风险社会的背景下，社会的不确定性风险呈几何倍数增加。风险类型呈现多样化趋势，在传统的自然灾害和疾病风险之外，还出现了核能危机、气候变化、生物技术等新型风险。更重要的是，风险的产生者和承受者并不总是同一群体。科技发展和全球化带来的风险往往由少数人或组织所引发，但其影响却可能波及整个社会。法律作为社会控制的规范，对于存疑利益的研究，应当进一步深入：从原则和方法走向制度，从微观上零散的碎片走向宏观上的风险系统控制。

目 录

导　言

本书旨在探讨：法律在面对不确定的利益时，是如何给出确定性的答案的。

一、选题缘起与研究价值

确定性是法律的一项基本特征。法律的确定性使人们能够预见和了解行为的法律后果，以便能够在法律框架内做出明智的决策和行动，而不必担心法律规则会朝令夕改或受到个人偏好的影响。因此，法律应当尽量保持确定性，避免频繁地进行大规模的改革和变革。当然，这并不意味着法律永远不能变革或适应社会的变化。在人类历史上，改革和革命其实都是对利益格局的调整或重新安排。不同的利益集团在社会中相互竞争和协商，通过争夺权力来实现、维护和扩大自己的利益。在这种竞争和斗争中，各种利益集团之间的关系会不断变化，导致社会中的利益格局不断重组。法律，则发挥着利益格局的重整功能，是在利益格局不断被打破和重整的过程中逐步地向前发展的。一方面，法律规定了各种社会行为的规范和标准，对于利益集团之间的竞争和协商提供了基础和框架。另一方面，法律也提供了冲突解决的机制和程序，为社会冲突的调解和解决提供了途径和手段。利益格局因各个主体的需求差异始终存在不确定性。法律，作为利益格局的表达方式，从立法配置社会资源，制定社会行为的规范，到执法程序中国家机关将法律付诸实施，再到司法机关按照冲突解决的机制和程序进行司法裁判的过程，都需要应对各种各样的“不确定性”。

在过渡到不确定性时代的历程中，我们目睹了一场前所未有的变革。在以往的确定性时代，科学被视为战胜混乱的代表，几乎被奉为信仰，具有无可置疑的权威性。然而，在不确定性时代，我们开始认识到科学与社会相互作用，二者是相互影响的产物。我们开始重新审视社会问题，并思考社会的发展方式，这种思考方式正在经历翻天覆地的变化。这个转变带来了新的元叙事和突出的宏观理论，试图探寻世界发展的意义和目标。我们逐渐意识到事物的逻辑复杂性，并将其纳入考虑范围。个体不再被看作是被动的观察者，而是积极参与整个过程的一部分。〔1〕人们开始意识到，个人的思想、观念和行为对社会的演变和变革起着重要的作用。这种转变反映了我们对世界的认识方式的变化，人们不再局限于简单的因果关系和线性思维，而是更加关注系统性、复杂性和互动性。人们开始接受和探索多样性、多维度的观点和解释，并意识到世界的本质是多元而动态的。在这个不确定性时代，我们需要更加开放和包容的思维方式，以应对日益复杂和变化的社会挑战。

---

〔1〕 参见［法］雅克·戈迈耶：《不确定性在知识体系与西方政治调控体制之间的系统效应》，载《中国社会科学报》2022 年 9 月 1 日，第 007 版。

那么，什么是不确定性呢？感性上可以体会的，理性上似乎很难系统地表达。“量子世界有内在的、本质的不确定性”，量子力学里应该有解释世界的不确定性的元理论。为此笔者翻阅了一些科普读物，诸如《上帝掷骰子吗？量子物理史话》《从一到无穷大：科学中的事实和臆测》《见微知著：纳米科学》《寻找薛定鄂的猫：量子物理和真实性》，对量子力学有了模糊的认识，也观察到一些量子力学与法律的不确定性的相似之处。第一，二者都存在观察者效应：在量子力学中，观察者对系统的观测会影响系统的状态；在法律中，法官适用法律的过程也会影响法律在实然层面的状态，如法官在具体案件中对法律的解释和推理可能影响法律的适用和执行。第二，二者的变量都具有不确定性：在量子力学中，测量某些变量会导致系统的状态发生变化，而这些变量的值也可能是不确定的；在法律中，某些关键变量的值也可能是不确定的，如法律事实的认定、举证责任的分配，都会导致案件的结果产生不确定性。第三，二者的状态都具有不确定性：在量子力学中，物理系统的状态可以是一个线性组合，即叠加态，这意味着一个粒子可以处于两种或多种可能的状态下；在法律中，某些情况下法律的状态也可能是不确定的，如某些社会行为可能会同时被民事、行政、刑事三重法律调整。第四，二者的不确定性都是存在一定限制的：在量子力学中，不确定性原理规定了测量某些变量时不确定性的限制；类似地，在法律中，也有一些规则和原则可以限制法律的不确定性，例如在证据收集和法律解释方面的规则和原则。法律的不确定性，也就是法律的存疑状态。

法律的目的之一是提供确定性和可预测性，法律试图通过制定明确的规则和标准来提供确定性的答案，以便人们能够了解他们的权利和义务，并在社会生活中做出决策。但是通过对法律文本及法律程序的观察，可以得知要完全做到这一点是困难的。社会是复杂多变的，涉及各种不同的情况和利益。法律必须尽量具备一般适用性，但同时也要有足够的灵活性来适应不同的情形和变化的需求。这导致法律有时会以一种更加原则性或模糊的方式表述，而不是提供具体的确定答案。其次，法律在制定过程中受到经济、政治和社会等因素的影响。在立法过程中，不同利益相关方的意见和权力斗争可能导致法律的妥协性和模糊性。政治和社会的变化也可能导致法律的修订和解释，进一步影响确定性。此外，法律的适用和解释也需要考虑具体案件的事实和情况。同一法律规定可能在不同的案件中有不同的解释和适用方式。法官在处理案件时有时会考虑案件的具体情况，并根据法律的原则做出判断。这也可以导致法律应用的灵活性和一定程度的不确定性。那么，法律在这种“不确定性”和“灵活”的过程中，是否存在什么规律，是否有什么确定的原则和方法；法律在这种“不确定性”和“灵活”的背后，又是遵循怎样的利益分配以实现社会正义呢？对这些问题的好奇心，就是本书选题的缘起。

法律作为社会规范体系，其制定和适用过程中的不确定性如何影响利益的分配和社会正义的实现，是一个重要的理论问题。深入研究法律的存疑利益分配有助于探索法律的本质和功能，有助于优化法律改革和制度建设，以增加法律的确定性和公正性，优化利益的分配机制。法律中的存疑利益是导致争议和纠纷产生的重要因素。通过研究法律的存疑状态与利益分配的关系，可以为解决争议和纠纷提供更科学的方法和原则，促进公正和有效的争议解决机制的建立。法律中的存疑利益对于社会公平和法律正义的实现具有重要影响，通过研究可以探讨如何在法律存疑的情况下实现社会的公平和法律的正义，促进社会的和谐与稳定。简言之，研究法律中的存疑利益具有重要的学术和实践价值，对于法律领域的理论发展、法律改革与制度建设、争议解决和社会公平等方面都具有深远意义。

二、国内外文献综述

本书献综述的内容基于法律对于利益的研究以及对法律不确定性的研究两个领域展开。

（一）法学对于利益的相关研究

1. 关于利益本体论的相关研究

学者们从语义考察和哲学的角度，对利益的定义提出了不同的学理解说，主要可以归纳为主观说、客观说和主客体关系统一说。首先，主观说强调个体主体的主观感受和意愿。根据这种理解，“利益”是指个体主体在特定情境下追求或认为有利于自身的事物或目标。利益被看作是个体主观意愿的反映，与个人的欲望、需求和价值观息息相关。如赵奎礼先生认为：“利益是指人们（个体、集体、阶级、社会）对周围世界一定对象的需要，是对社会关系（主要是社会经济关系）的直接表现。”[1]其次，客观说将“利益”从客观现实的角度进行理解。按照这种观点，“利益”是客观存在的、独立于主体意愿的一种现实条件或价值。利益与社会、经济、政治等方面的客观因素相联系，具有客观的实在性和普遍性。如谭培

〔1〕 赵奎礼：《利益学概论》，辽宁教育出版社 1992 年版，第 2 页。

文先生提出："利益是由生产活动创造出来的物质生活条件，即人类生存和发展的最基本的具有决定性的物质因素的总和。"[1]最后，主客体关系统一说认为"利益"是主体与客体之间相互作用的结果。这种理解强调主客体之间的互动关系，将利益视为主客体之间相互影响和相互制约的结果。"利益"在这个理论框架下被看作是主体和客体之间共同关注的问题，既包含主体的需求和期望，也考虑了客体的条件和影响。如王伟光先生认为："利益属于关系范畴，是一定的客观需要对象在满足主体需要时，在需要主体之间进行分配时所形成的一定性质的社会关系的形式。"[2]这些观点从多个角度阐述了利益内涵的内容，为我们对利益概念的认知和理解提供了丰富的视角。

对于利益的构成要素，张成兴先生认为，利益"是在一定的社会关系的基础上一定的主体对一定对象和条件的拥有关系。这种拥有关系一般是指所有权和产权，在特殊的条件下也指使用权"。[3]根据张玉堂先生的观点，利益可以被视为需要主体和需要对象之间存在的一种矛盾关系，它由利益主体、利益客体和中介三个要素构成：利益主体指的是利益的所有者，利益客体则是利益所指的承载者或对象，而人的实践活动则是利益的中介要素。[4]王伟光先生指出，利益的构成包括五个要素，即需要、社会关系、社会实践、人的需要对象和人的欲求。这五个要素并不是相互独立

---

〔1〕 谭培文：《马克思主义的利益理论——当代历史唯物主义的重构》，人民出版社 2013 年版，第 77 页。

〔2〕 王伟光：《利益论》，中国社会科学出版社 2010 年版，第 80~81 页。

〔3〕 张成兴：《试论利益概念》，载《青海社会科学》2000 年第 4 期。

〔4〕 参见张玉堂：《利益论——关于利益冲突与协调问题的研究》，武汉大学出版社 2001 年版，第 45~48 页。

的，而是统一于社会关系之中。[1]

利益包含一系列矛盾且统一的特点。利益既可以是源于个体天然的需求和欲望，也可以是社会环境、文化背景和价值观念所塑造的。这意味着利益的形成不仅仅是个体内在的，也受到外部环境和社会条件的影响。利益具有排他性，即不同利益之间可能会存在冲突和竞争，但也同时具有兼容性，即不同利益可以在一定程度上共存和相互促进，以实现更广泛的共同利益。利益既具有共同性，即不同个体或群体可能追求相似的利益，例如健康、安全和福利等，同时也具有差异性，不同个体或群体在具体利益的诉求和优先级上可能存在差异，因为每个人的需求和价值观念有所不同。关于利益的特征，张玉堂先生概括为主体性、客观性、社会性、历史性四个方面。主体性是指利益的存在必须依附于一定的主体；客观性强调利益并不是人的意志或意识的产物，而是由人们所处的生产关系所决定的；社会性特别指向利益的本质是社会关系范畴，凸显的是人们之间的社会关系；历史性是指利益随着人类社会历史的变迁而变化发展。[2]利益特征的多维性表明了利益的复杂性和多样性，从而形成复杂的利益格局。

2. 与利益相关的法学研究

“利益”是法学领域中的一个经典范畴。19 世纪末期，由于欧洲社会动荡剧烈变化，按照传统的经验机械地适用法律，难以得出适当的结论和妥当的判决。于是，以赫克（Philipp Heck）为代表的法学家在德国掀起

---

〔1〕 参见王伟光：《利益论》，中国社会科学出版社 2010 年版，第 74~76 页。

〔2〕 张玉堂：《利益论——关于利益冲突与协调问题的研究》，武汉大学出版社 2001 年版，第 48~52 页。

了一场反对概念法学的运动，并因此产生了利益法学思潮。他认为概念法学过于强调形式的逻辑推理和机械的应用法规，忽视了法律实施过程中的具体情况和现实背景。赫克指出："作为利益法学出发点的一个根本的真理是，法的每个命令都决定着一种利益的冲突：法起源于对立利益的斗争。法的最高任务是平衡利益，此处的利益包括私人利益和公共利益，物质利益和精神利益等。"〔1〕然而，利益法学也存在一个显而易见的问题，即如何平衡相互冲突的利益，根据什么准则来处理利益冲突。

20世纪初，庞德（Roscoe Pound）作为法社会学的先驱，通过对法律与社会之间关系的研究，试图理解法律在社会中的功能和作用。庞德把利益定义为："人们，个别地或通过集团、联合或关系，企求满足的一种要求、愿望或期待；因而利益也就是通过政治组织社会的武力对人类关系进行调整和对人们的行为加以安排时所必须考虑到的东西。"〔2〕"庞德对值得由法加以保护和促进的利益进行了分类和论述。把利益分为三类：即个人利益、公共利益和社会利益。"〔3〕这与当时在美国实施的新政策有密切关系。在20世纪30年代，时任总统罗斯福（Franklin Delano Roosevelt）实施了新政，推行了积极的社会保障政策。然而，传统的法学观念仍坚持宪法的机械适用，导致一些新政立法被司法机构判定为违宪。特别是一些旨在缩短劳动时间、设定最低工资等推行社会政策的法律，被裁定为限制自由竞争和契约自由的违宪法律，这对新政的实施造成了相当大的阻碍。因

〔1〕 张文显：《二十世纪西方法哲学思潮研究》，法律出版社1996年版，第130页。

〔2〕 R. Pound，"Jurisprudence"，*West Publishing*，3（1959），p. 16. 转引自张文显：《二十世纪西方法哲学思潮研究》，法律出版社1996年版，第123~124页。

〔3〕 张文显：《二十世纪西方法哲学思潮研究》，法律出版社1996年版，第124页。

此，新的法学流派对传统法学进行了激烈的批评。但法社会学派自身也存在一些局限性，其主要关注法律的普遍性和社会共享性，对不同文化、民族之间的法律差异和多样性的研究较少；其偏向于对现有法律秩序的描述和解释，对法律变革和创新的研究相对不足。在面对社会变革和新兴法律问题时，法社会学派的分析框架可能显得有限，无法提供足够的指导和解决方案。

20 世纪 60 年代，日本学者以民法解释论为契机，开始在民法中讨论利益衡量。“通常认为，利益衡量论的提倡者为加藤一郎和星野英一两教授。”〔1〕日本的利益法学理论被很多日本学者看成日本主流法解释论发展的最高点，至今依旧构成日本民法解释论。“即关于某问题认为有 A、B 两种解释的情形，解释者究竟选择其中哪一种解释，只能依据利益衡量决定，并且在作选择时对既存法规及所谓法律构成不应考虑。”〔2〕“日本的利益衡量论是日本学者为了解决日本法律与现实社会之间的断裂和冲突而学习他国理论并使其本土化的成果，其‘国民立场’和‘实质判断先行’的衡量模式使其成为不同于他国、充满了东方智慧和具有日本特色的法学方法论。”〔3〕我国有关于利益的法学理论的研究是 20 世纪 90 年代在梁慧星先生〔4〕等学者的引领下展开的。梁上上先生也在利益衡量领域发表了多篇学术论文，并于 2013 年出版专著《利益衡量论》，该书经过两次修

〔1〕 梁慧星：《民法解释学》，中国政法大学出版社 1997 年版，第 316 页。

〔2〕 梁慧星：《民法解释学》，中国政法大学出版社 1997 年版，第 315 页。

〔3〕 参见郑金虎：《司法过程中的利益衡量研究》，山东大学 2010 年博士学位论文。

〔4〕 参见梁慧星：《电视节目预告表的法律保护与利益衡量》，载《法学研究》1995 年第 2 期。参见［日］加藤一郎：《民法的解释与利益衡量》，梁慧星译，载梁慧星主编：《民商法论丛》（第 2 卷），法律出版社 1994 年版，第 469 页。

订，于2021年再版，该书主要探讨了利益衡量在法律领域中的重要性、方法和原则，讨论了不同学派对利益衡量的观点，并提出了一些解决利益衡量问题的方法和路径，创造性地提出了异质利益衡量的相关问题，它对于理解法律中的利益权衡和决策过程具有重要的参考价值。

讨论利益与法律的关系，不乏一些经典论文。例如，付子堂（2001）在《法学家》上发表的《对利益问题的法律解释》，常怡、黄娟（2003）在《中国法学》发表的《司法裁判供给中的利益衡量：一种诉的利益观》，陆平辉（2003）在《法制与社会发展》发表的《利益冲突的法律控制》，梁上上（2012）在《中国法学》发表的《制度利益衡量的逻辑》。近几年来，从主体维度，将利益分成个人利益、团体利益、社会利益、国家利益等，或将利益享有的主体加以区分，并讨论其中的利益冲突及平衡问题。法律作为社会成员利益诉求的外在表达，反映了个体的生活背景和价值观。然而，由于人们处于不同的生活情境中，呈现出多元化的价值观和多样性的利益诉求，法律面临着众口难调的难题，而且在确定性方面也缺乏坚实的社会基础。在这种情况下，立法和司法能够尽力在不同主体的利益分歧中寻找更好的利益妥协和平衡方案，以最大限度地满足相互竞争的利益诉求。立法者可以通过广泛的讨论和协商，考虑各方的意见和需求，制定具有广泛共识的法律条款。司法机构则可以运用法律的解释和裁量权，寻求公正和公平的判决，以平衡不同利益之间的冲突。然而，要解决利益多样性和价值多元性带来的挑战，需要持续的努力和平衡。法律制定者和司法机构应加强与各利益相关方的对话和沟通，建立更加开放和包容的决策机制。同时，公众参与和法治教育也至关重要，它们可以提高社会对法律的理解和接受程度。总而言之，面对多元的利益诉求和复杂的价值观，法律的角色是在平衡不同利益之间寻找妥协和平衡，以最大限度地满足相互竞争的利益诉求。通过积极地参与、开放的决策机制和法治教育的推进，我们可以朝着更加公正和包容的社会秩序迈进。这也是讨论利益的法学论文中最主要、数量最多的主题。例如，冉泽冰、李普（2022）发表的文章《公共利益由显至隐变迁中的权力行使限度》，从微观角度对利益进行剖析，分析具体情境下的利益结构。这类文章旨在解构具体社会关系中的利益，分析利益的逻辑结构。例如关于人格权的利益结构，作者分析其内核是基于社会关系要素内在本质而生的固有利益，外围则是超越内在本质的衍生利益，即信赖利益、公共利益、载体利益、牵连利益等，从而将利益具体化、类型相对固定化。如樊勇（2023）发表的文章《新闻侵害人格权责任认定中的利益衡量》，焦艳鹏（2022）发表的《元宇宙生活场景中的利益识别与法律发展》，崔建远（2023）发表的《论机会利益的损害赔偿》。

（二）法学对于不确定性的相关研究

1. 关于法律的不确定性的研究范围

法律的不确定性研究，是最接近本书讨论的前提——“法律的存疑状态”的研究。然而，即使是关于法律的不确定性的研究，目前也没有形成一种普遍认可的系统化逻辑体系来解决这个问题。学者们普遍意识到法律中存在不确定性的问题，并且讨论了这个主题，包括法律规则的模糊性、解释的主观性、法律的演变和不一致性等。也有些学者和法律哲学家提出了一些观点和理论，试图解释和应对法律的不确定性。例如，某些学者主张使用法律解释的理论或方法来减少法律的不确定性，如文本主义、原意主义、目的论解释等。其他学者则强调法律的灵活性和适应性，从法律的哲学基础、法律政策制定的方法等方面进行探讨，认为法律应该具有一定的模糊性和开放性，以适应社会的变化和发展。这个领域仍然是一个活跃的研究领域，学者们在不断地探索和提出新的观点和理论来深入研究法律的不确定性。

梁慧星先生认为，不确定的法律概念区别于确定的法律概念〔1〕，根据不确定性程度的不同，不确定的法律概念可以分为封闭的不确定的法律概念和开放的不确定的法律概念。封闭的不确定的法律概念指的是内涵不确定但外延是封闭的概念，如危险、物、违法性、法律行为、直系血亲等。虽然这些概念在内涵上存在不确定性，但由于外延是封闭的，因此在概念的精确程度上接近于确定的法律概念。而开放的不确定的法律概念又称为类型式概念或规范性概念。〔2〕这种法律概念在内涵和外延上都不确定。换句话说，概念的可能文义不足以准确划定其外延，其外延是开放的。在应用于具体案件之前，需要法官根据具体情况进行评价和补充。〔3〕

2. 法律的不确定性的法学研究

"不确定概念最早由奥地利法学家藤策尔（Tenzer）教授提出，它主

〔1〕 梁先生主张，法律概念以是否确定为标准，可以分为两类。一类是确定的法律概念，另一类是不确定的法律概念。确定的法律概念，如自然人、法人、配偶、汇票等。这类概念已相约成俗地涵盖所描、述对象的一切有意义的特征，因而定义清楚，外延确定，在适用时可单依逻辑推理操作。

〔2〕 梁慧星先生指出，在法解释学上，一般条款会与类型式概念归作一类进行研究，因为一般条款如诚实信用原则、公共秩序与善良风俗、权利滥用之禁止、情事变更原则等，在外延上也是开放的，与开放的不确定概念类似。

〔3〕 梁慧星：《民法解释学》，中国政法大学出版社 1997 年版，第 292 页。

要是针对行政法上的自由裁量权问题提出的，藤策尔阐明了研究不确定概念的重要性。”[1]

19世纪末20世纪初，德国和法国社会中自由主义思潮兴起。这一时期，社会逐渐转向更加注重个人自由和权利保护的观念。人们开始对传统的形式主义法律观念提出质疑，强调法律应该服务于公正和自由。这种变化推动了自由法运动的兴起。埃利希（Eugen Ehrlich）的活法理论[2]对法律的不确定性问题提供了独特的观点。他强调法律存在于社会实践中，而不仅仅是在法律文件和制度中。他认为法律的力量和影响来自人们对其的认可和遵守。这种强调社会实践和非正式法律规则的重要性的观点，使人们开始关注法律的多样性和动态性，从而引发了对法律不确定性的思考。康特洛维茨（Hermann U. Kantorowicz）的自由法观念[3]也为法律的不确定性问题提供了重要的观点。他认为法律应该优先保护个人自由，并强调法律应该是自愿和自主选择的结果。他主张法律应该能够适应社会的变化和发展，具有灵活性和演进性。这种强调个人自由和法律适应性的观点，进一步加深了对法律不确定性的关注。这些观点共同强调了法律的社会性、多样性和动态性，以及法律应该保护个人自由和适应社会变革的重要性。这为后来对法律的不确定性问题进行研究和思考奠定了基础。

20世纪早期在美国兴起的实用主义哲学运动是一股重要的思潮，对美

---

〔1〕 参见翁岳生：《行政法与现代法治国家》，五南出版社1976年版，第37页。转引自王利明：《法学方法论》，中国人民大学出版社2011年版，第467页。

〔2〕 参见［奥］欧根·埃利希：《法社会学原理》，舒国滢译，中国大百科全书出版社2009年版，第79页。

〔3〕 参见［德］赫尔曼·康特洛维茨：《为法学而斗争：法的定义》，雷磊译，中国法制出版社2011年版，第79页。

国社会的哲学、政治、法律、教育等领域产生了深远影响。该运动的核心思想是以实用和经验为基础，强调知识和行动的紧密联系，追求解决实际问题和改善社会的实践性方法。在法律领域中，实用主义强调法律的实际效果和社会实践的重要性。法律实用主义者关注法律的功能性和社会效益，认为法律应该服务于社会需求，解决实际问题，并追求公正和效果。法律实用主义的发展推动了对法律不确定性的研究，强调了法律解释和应用的实际效果和社会影响。霍姆斯（Oliver Wendell Holmes）提出了法律预测论（the Path of the Law）〔1〕，主张法官在解释和应用法律时应该基于对实际结果的预测。这一观点强调法律决策的现实性和实践性，将法律与社会情境和实际效果相结合。法律预测论的发展为法律不确定性研究提供了基础，使研究者更加关注法律决策的实际影响和结果。约翰·杜威（John Dewey）强调法律的实际运作、社会性和民主性。他将法律视为一种社会工具，用于解决社会问题和促进社会进步。形式主义的观点认为，司法系统如同一台巨大的三段论机器，法官的工作则类似于一台精密的机械程序。在这种观念下，司法裁量权被减少至最低程度，司法决定几乎完全依赖于纯粹的逻辑演绎。〔2〕约翰·杜威认为："这意味着，对于每一个可能发生的案件，必然早已有一个固定不变的、先前已经存在的规则，所讨论的事例不是一个简单、毫不含糊的案件，就是一个通过直接观察就可以

〔1〕 Oliver Wendell Holmes, Jr.,"The Path of the Law", *Harvard Law Review*, 457, 462, 10 (1897). 中译本参见［美］小奥利弗·温德尔·霍姆斯：《法律的道路》，载［美］斯蒂文·J·伯顿主编：《法律的道路及其影响——小奥利弗·温德尔·霍姆斯的遗产》，张芝梅、陈绪刚译，北京大学出版社2005年版，第416页。

〔2〕 See Burt Neuborne, "Of Sausage Factories and Syllogism Machines: Formalism, Realism, and Exclusionary Selection Techniques", *New York University Law Review*, 419, 67 (1992).

归入一个简单、毫无疑义的事实类群，来得到解决的事例。……虽然三段论表述了思考的结果，但是对于思考的运作它没有提供丝毫的帮助。”〔1〕约翰·杜威对法律问题思考的逻辑方法强调法律与社会的紧密联系，关注法律的实际效果和社会背景，强调法律的实践性和行动导向。〔2〕这种观点促进了对法律不确定性的研究，使研究者更加关注法律与社会的相互作用和互动。1930年至1940年间，在美国盛行的法律现实主义（Legal Realism）强调法律的实际运作和社会背景对法律决策的影响。法律现实主义者认为法律决策受到法官、律师和法律制度的个人和社会因素的影响。他们强调对事实和经验的重视，关注法律实践中的实际情况和社会变革的需要。法律现实主义的发展推动了对法律不确定性的研究，使研究者更加关注法律决策的社会背景和实际影响，丰富了对法律与社会互动关系的理解。

哈特（H. L. A. Hart），作为20世纪最著名的法学家和法律哲学家之一，他的法律实证主义对现代法学产生了深远的影响。“开放结构”（Open texture）是他在经典著作《法律的概念》中提出的概念，用来描述法律规则在某些情况下存在的模糊性和不确定性。“开放结构”意味着法律规则在其适用范围内具有一定的弹性和开放性。法律规则的具体应用和解释可能需要根据具体的事实情况和具体案件的特点进行判断，而不仅仅依赖于规则的字面意义。这种开放性使得法律在面对新的情境和问题时能够灵活适应和发展，但也带来了一定程度的不确定性。这也意味着法律的解释和

〔1〕［美］约翰·杜威：《逻辑方法与法律》，李娟译，载葛洪义主编：《法律方法与法律思维》（第4辑），法律出版社2007年版，第322页。

〔2〕See John Dewey, “Logical Method and the Law”, *Cornell Law Quarterly*, 17, 10 (1924);

应用需要考虑具体的语境、历史和社会背景，以及法官和决策者的判断和裁量。哈特承认在法律实践中决策者（如法官）会面临一定的自由裁量权。这意味着在适用法律规则时，决策者需要根据具体情况做出判断和选择。自由裁量权的存在导致法律的应用和解释可能会因决策者的个人判断、社会价值观和实际情况而有所不同。由于不同决策者可能在相同案件上做出不同的决策，这就使得自由裁量权为法律实践引入了一定程度的不确定性。

哈特提出了中心与阴影的区分：将法律规则分为中心规则和边缘规则。中心规则是明确的、具有确定性和明显应用范围的规则，它们在法律体系中起着核心的、指导性的作用；而边缘规则则是相对模糊、不明确或适用范围有限的规则，需要进一步解释和补充才能应用于具体案例。富勒（Lon L. Fuller）对此持有不同的观点。他认为法律规则不应仅仅分为中心和边缘两个范畴，而是存在一个连续的谱系。根据他的观点，法律规则在其应用范围、明确性和适用性方面存在着不同的程度。有些规则可能具有更明确的应用范围和更确定的效果，而另一些规则可能在特定情况下需要进一步解释和适用。富勒更强调法律规则的连续性和可变性，认为它们在明确性和适用性方面存在着不同的程度，而不仅仅是简单的中心和边缘的二分法。富勒强调了法律的灵活性和适应性，以应对复杂的社会问题和不确定的情况。虽然两位学者对法律的理解和分类方法有所不同，但他们都认识到法律中存在不同程度的确定性和不确定性，以及对规则的解释和适用的需求。这些观点为法学领域中关于法律的不确定性的讨论提供了有益的视角。

莱昂斯（David Lyons）对于“开放结构”的界定范围更大一些。他认为，“一般语词及规则的开放结构并不自动地引起法律漏洞的产生”[1]，“一般语词的开放结构是一回事，规则的开放结构是一回事，法律的开放结构又是另外一回事了。语词的开放结构暗含着规则的开放结构，但无论是语词的开放结构还是规则的开放结构都没有暗含法律的开放结构”[2]。“即使我们假定法律陈述具有不可避免的模糊性，我们不能仅此推断，当法律陈述具有不确定的含义时，法律是不确定的。因为这种思路忽视了如下可能性：当法律中的语言不清晰时，法律中的其他渊源可以帮助法官确定案件的裁判。”[3]他将“开放结构”扩展到语言的更一般层面，认为语言本身就具有开放性和模糊性。他强调了语言的多义性、歧义性，探讨了语言的开放性和不确定性对法律的影响。

德沃金（Ronald Dworkin）主张了一种法律完备性的理论，认为法律不仅仅是由明确的规则和概念构成的机械系统，还是一个更为复杂的现象，涉及法律解释、价值判断和社会背景等因素。他认为法律应该是一个连贯的、有意义的整体。他认为法律的不确定性主要体现在法律的解释和适用过程中。由于法律的复杂性和含糊性，法律规则在具体案例中的应用需要进行解释和判断。不同的法律解释者可能对于法律规则的含义和适用范围有不同的理解，这会导致法律的不确定性。此外，法律的不确定性还

---

〔1〕 David Lyons, “Open Texture and the Possibility of Legal Interpretation”, *Law and Philosophy*, 279, 300, 18 (1999).

〔2〕 David Lyons, “Open Texture and the Possibility of Legal Interpretation”, *Law and Philosophy*, 279, 301, 18 (1999).

〔3〕 David Lyons, “Moral Aspects of Legal Theory”, *Midwest Studies in Philosophy*, 223, 240, 7 (1982).

可以源于不同的法律原则和价值观之间的冲突，以及法律的演进和社会变迁。由于疑难案例（hard cases）[1]涉及法律规则之间的冲突、不确定性或模糊性，需要进行进一步的解释和裁决，"接受整体性解释理想的法官在裁决疑难案件时，力图在某些关于人们的权利和义务的一套连贯原则中，发现他们所在社会的政治结构和法律教义的最佳的建构性解释"[2]。德沃金主张法律解释者应该采用一种"合理解释"（Interpretive concept）的方法，通过深入分析法律规则、先例、背景价值观等因素，从中抽取出一个最佳的解释，并将其与法律整体的目标和价值相协调。

蒂莫西·A. O. 恩迪科特（Timothy A. O. Endicott）认为模糊性不仅存在于法律语言本身，也存在于法律的实际应用中。由于法律是模糊的，法官在处理案件时就无法始终准确地根据当事人的法律权利和义务做出裁决，这也意味着，法官无法对相同的案件做出一致的处理。然而，实现正义和法治的目标不要求法律在每个具体情况下都能提供明确而确定的答案。在面对不确定性时，人们仍然可以追求正义和法治的理想，可以寻求合理的解释和平衡的决策，以在不确定性中推动正义和法治的实现。[3]

对于法律的存疑状态或者说不确定性，笔者通过梳理近5年中国知网的期刊论文，发现了以下特点：

---

〔1〕 根据德沃金的观点，疑难案件是指那些无法简单应用现有法律规则来得出明确答案的案件。See Ronald Dworkin, *A Matter of Principle*, Harvard University Press, 1985, p. 13.

〔2〕 Ronald Dworkin, *Law's Empire*, Harvard University Press, 1986, p. 255.

〔3〕 参见［英］蒂莫西·A. O. 恩迪科特：《法律中的模糊性》，程朝阳译，北京大学出版社2010年版，第1页。

（1）学者们关注科技生态环境的不确定性与法律的关系：

成果名称	作者	成果种类	发表期刊及时间
《风险回应型生态环境法典：科学不确定下的预防原则表达》	韩康宁	期刊论文	《理论月刊》2022 年第 12 期
《科技不确定性与风险预防原则的制度化》	金自宁	期刊论文	《中外法学》2022 年第 2 期
《环境健康风险规制的法律路径——以科学不确定性为视角》	陈廷辉 林贺权	期刊论文	《中国环境管理》2021 年第 3 期
《林地认定不确定性对林地保护管理的影响分析》	何冬梅 龙廷位	期刊论文	《林业调查规划》2018 年第 5 期
《不确定性与复杂性背景下气候变化风险规制立法》	李艳芳 田时雨	期刊论文	《吉林大学社会科学学报》2018 年第 2 期

（2）行政法领域的法律存疑状态是一个研究热点问题：

成果名称	作者	成果种类	发表期刊及时间
《行政法不确定性法律概念具体化的司法审查》	殷鹏飞 王芳	期刊论文	《中共银川市委党校学报》2022 年第 4 期
《科学不确定性行政行为司法审查的逻辑理性建构》	黄文	期刊论文	《社会科学家》2018 年第 8 期
《行政法上不确定性法律概念具体化的司法审查》	郑智航	期刊论文	《政治与法律》2018 年第 5 期
《行政事实认定中不确定法律概念的解释》	于立深	期刊论文	《法制与社会发展》2016 年第 6 期

（3）司法领域的法律存疑状态也是法学家们关注的重点领域：

成果名称	作者	成果种类	发表期刊及时间
《法律适用分歧的法理研究》	史馨	博士论文	中国政法大学 2022 年
《司法自由裁量权——系统不确定性的结果》	塞巴斯蒂安·雷耶·莫里纳 张海斌 金慧婷	辑刊论文	《厦门大学法律评论》2021 年第 1 期
《论“不洁之手原则”适用的不确定性——以国际投资仲裁为视角》	吕宁宁	期刊论文	《国际法学刊》2020 年第 3 期
《欧盟投资法院机制的不确定性及我国的应对策略》	秦晓静	期刊论文	《山东社会科学》2020 年第 1 期
《法律疑难的理论争议及其对司法裁判的影响》	张晓冉	期刊论文	《四川大学法律评论》2018 年第 1 期

（4）民事领域中的新社会关系的存疑状态成为近些年学者频繁讨论的对象：

成果名称	作者	成果种类	发表期刊及时间
《论个人信息概念的不确定性及其法律应对》	丁晓东	期刊论文	《比较法研究》2022 年第 5 期
《大数据隐私权的不确定性及其应对机制》	刘泽刚	期刊论文	《浙江学刊》2020 年第 6 期
《民法典视角下个人信息的侵权法保护——以事实不确定性及其解决为中心》	阮神裕	期刊论文	《法学家》2020 年第 4 期
《知识的不确定性与知识产权裁判的可预测性》	杨雄文 郭哲	期刊论文	《法律适用》2017 年第 19 期

（5）与其他学科交叉研究，也成为法学家们研究法律不确定性的重要思路：

成果名称	作者	成果种类	发表期刊及时间
《技术不确定性下算法推荐新闻的伦理风险及其法律规制》	胡瑾	期刊论文	《重庆大学学报（社会科学版）》2022 年第 3 期
《法律与概率——不确定的世界与决策风险》	季卫东	期刊论文	《地方立法研究》2021 年第 1 期
《政治系统与法律系统对于技术风险的决策观察》	宾凯	期刊论文	《交大法学》2020 年第 1 期
《决策风险、问责以及法律沟通》	季卫东	期刊论文	《政法论丛》2016 年第 6 期
《社会符号学视角下不确定性语义资源与态度意义——以我国庭审辩护语篇为例》	于梅欣	期刊论文	《上海交通大学学报（哲学社会科学版）》2016 年第 5 期

还有一些不便分类的文章，如袁正、李伦一（2017）发表的《不确定性、司法信心与信任》，探讨法律环境对诚信和信任的影响、先验概率对信任决策的影响；田源（2018）发表的《行为法律经济学视野中的“法律确定性命题”——以规则和标准的分类为线索》，以法律确定性命题、规则和标准为研究对象，研究何时采用精确规则和模糊标准及法律不确定性的利用，利用心理学区分过去和未来的不确定性，以改善法律决策和增强实施效果。

毫无疑问，近年来法学界对于利益问题进行了大量的研究，涌现出了一些深刻的理论作品和对策性的研究成果。然而，如何挖掘理论的深度、扩展讨论的范围以及延长理论的生命力，是法学界必须重视的问题。目前，法学界在法律存疑状态与利益关系的研究方面仍有不足之处，对于存疑利益概念本身的法律意义缺乏深入的辨析。同时，在存疑利益分配问题上，不同部门法学之间的讨论缺乏跨学科的交流和研究，需要进一步拓展不同学科之间的沟通。这些不足与法理学在存疑利益分配问题方面的不深入有密切关系。相比于部门法学，法理学对于存疑利益分配问题的研究显得不够热衷，缺乏从法学观念整体上解构存疑利益分配的系统思路。因此，从法理学的角度系统地探讨存疑利益问题是必要的。我们需要进一步研究如何深化法理学对风险问题的探讨，从整体的法学视角出发，对存疑利益问题进行系统性的研究。

三、研究思路与研究方法

（一）研究思路

在总结国内外学者关于法律对于利益和不确定性的研究的基础上，本书致力于从以下几个方面来研究法律的不确定性和利益之间的关系，以期探讨法律在面对不确定的利益时，是如何给出确定性的答案的。

首先，文章从多学科视角探讨什么是存疑利益以及法律与不确定性和利益的关系。其次，分析法律中的存疑利益是如何形成的。存疑利益的形成源于自然因素、社会因素和法律因素等方面的原因。再次，探讨法律分配存疑利益应当遵循的原则：弱者保护原则、大数法则原则、社会效果原则以及证明责任原则。复次，探讨法律对存疑利益的分配，初次分配主要采用推定和拟制的方式，而再次分配则留给法律适用中的自由裁量。最后，阐述风险社会的背景下，社会的不确定性风险呈几何倍数增加，而法律作为社会规范，对于存疑利益的研究，应当从原则和方法走向制度，从微观上零散的碎片向宏观上风险控制系统迈进。

本书的创新之处在于：第一，本书从认识论的角度出发，从不确定性的视角探讨了法律和利益之间的关系。为理解法律对存疑利益的处理提供了新的思路。第二，本书通过深入研究大量的部门法内容，以确定研究基础的扎实性。通过这种方法，本书试图避免过度依赖法学理论领域的自我陈述，而是基于对实际法律规范和案例的观察和分析，使得研究更加客观和实证。第三，本书采用方法论的视角，按照法律思维逻辑方法对碎片化的存疑利益进行微观层面的剖析和解释。

（二）研究方法

本论文的研究方法主要包括以下几种：

（1）文献分析法：通过深入研读与存疑利益相关的经典文献，对存疑利益的概念、形成机制、影响因素等方面进行详尽的梳理。

（2）价值分析法：在文献分析的基础上，从价值分析的角度对存疑利益的相关问题展开深入研究，探讨存疑利益在法律实践中的价值评判作用。

（3）跨学科分析法：在对存疑利益问题进行研究的同时，还将从哲学、社会学、伦理学、政治学、心理学、自然科学等学科领域展开分析，多视域地研究存疑利益的相关问题，探讨存疑利益在不同领域的作用和意义。

研究存疑利益可以应用到多个数学理论和方法，其中一些包括：

（1）概率论：概率论可以帮助研究人员量化存疑利益的风险和不确定

性，预测未来的可能结果并制定相应的决策。

（2）博弈论：博弈论可以用于研究存疑利益背后的各方利益和冲突，分析其可能的决策策略和后果。

（3）线性规划：线性规划可以帮助研究人员优化决策，最大化利益，同时考虑存疑利益带来的不确定性和风险。

数学理论和方法为本书研究存疑利益提供了量化和系统化的分析框架和工具，帮助其更加准确和科学地评估决策的影响和风险。

第一章

什么是存疑利益

一、存疑利益概念的认识

存疑利益是指在决策或行动中，存在着对某些利益产生或分配不确定争议的情况。在自然科学领域，自然科学研究的对象是自然界和自然规律，因此其存疑状态通常更多涉及理论的验证和证实，极少涉及利益分配问题。然而，在社会科学领域，由于社会科学主要研究人类社会的行为、关系和结构，因此研究对象的复杂性和多样性导致了对于利益分配的存疑状态。

（一）自然科学中的存疑状态

按照波普尔的说法，一种理论是否为科学，其标准是该理论是否具有可证伪性、可反驳性或可检验性〔1〕。

在自然科学中，存疑状态指的是在科学研究和实验中，存在的一些未

---

〔1〕 参见［英］卡尔·波普尔：《猜想与反驳：科学知识的增长》，傅季重等译，中国美术学院出版社2003年版，第47页。

知因素和不确定性。宇宙的起源和演化是自然科学中最大的谜题之一，对于宇宙的起源、组成和结构的了解仍然存在很多未知的因素和不确定性。在微观世界中，根据量子力学中的不确定性原理，我们不能同时精确测量粒子的位置和动量，因为对粒子的测量会影响其本身的状态，导致测量结果不确定。与我们日常生活密切相关的天气预报，虽然现代气象学已经非常发达，但天气预报仍然存在一定的不确定性，因为气象系统的复杂性和非线性使得准确预测天气变化仍然是一个挑战。某些疾病的起因和治疗方法并不是完全清楚和确定的，但我们生病了还是要看医生；环境污染对生态系统的影响存在着一定的不确定性，但为了生存和发展还是会进行资源开采。

虽然世界本质上是非周期性和不可预测的，但是世界大多数地方在大多数情况下并不是混乱的。故混沌理论可以很好地描述自然科学中的存疑状态。混沌理论，又称非线性动力学理论，是研究自然现象中表现出混沌行为的数学模型。它与传统的经典物理学所探讨的线性系统有很大的区别，因为它涉及非线性系统中的相互作用和反馈。典型的混沌系统不是简单的周期运动，而是呈现出无规则的、类似于随机的运动形态。麻省理工学院的气象学家爱德华·洛伦兹（Edward Lorenz）于 1963 年发明了一种非线性动力学系统，被称为洛伦兹吸引子（Lorenz attractor）。洛伦兹吸引子的轨迹是三维空间中的一个点，这个点的运动轨迹就好像是两片翅膀（见下图），它有时候在这片翅膀上转一转，有时候去另外一片翅膀上转一转。它怎么转都不会离开这两片翅膀，而且还总是围绕着这两片翅膀的中心点转，就好像被某种力量吸引一样，但它没有周期性，并且那个点永远都不会回到同一个位置。在视觉上，它形似蝴蝶的翅膀，因此也被称为“蝴蝶效应”[1]。洛伦兹吸引子的研究对于理解复杂系统的行为具有重要意义。

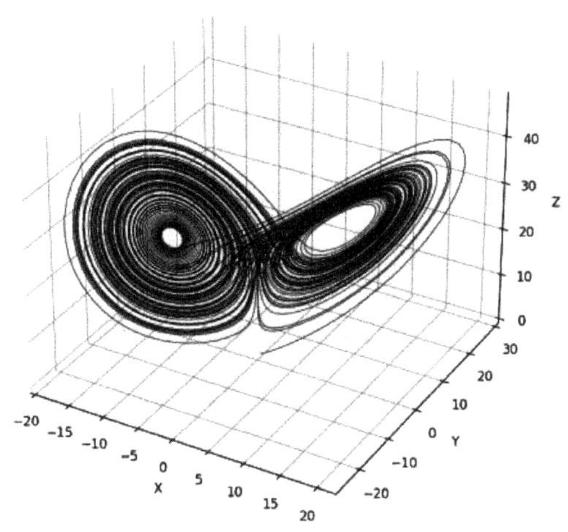

图 1-1　洛伦兹吸引子

物理学家万维钢曾提出过一个关于“洛伦兹吸引子”很有意思的观察：从洛伦兹吸引子的一个区域中选择一个小圆环，圆环内部的点代表一些互相临近的初始值，看看这些点随着时间的演化是怎样的：若初始圆环选在距离吸引子中心比较远的位置，由于这个位置的系统是高度可预测的，因此即使有点误差没关系，开始差不多的情况结果也会差不多；若圆环的起始位置比较靠近吸引子的一个中心，如果存在误差的话，对早期影响并不大，但时间越长，结果就越无法预测；若圆环的初始位置选在吸引

〔1〕［美］纳西姆·尼古拉斯·塔勒布：《黑天鹅——如何应对不可预知的未来》，万丹译，中信出版社 2009 年版，第 145 页。

子的底部，由于初始值在这个位置的系统具有不可预测性，任何一点的偏差，都会导致结果的不可预知。

受到这三种状态的启发，对于人类社会的不确定性，我们也可以设计一个类似的基本框架来进行描述：第一种高度可预测性，在某些情况下，人类社会可能具有相对较高的可预测性。这通常发生在高度规范化和受限制的环境中，例如在高度结构化的社会制度、法律规定和规范约束下，人们的行为往往受到明确的规则和奖惩机制的约束，因此可以相对准确地预测他们的行为。第二种部分可预测性，在其他情况下，人类社会可能具有部分可预测性。这意味着尽管存在一定程度的不确定性，但人们的行为仍然受到某些模式、趋势或影响因素的影响，从而可以进行一定程度的预测。在这种情况下，人类行为可能受到多种因素的影响，包括个体的意愿、动机、价值观、环境条件等。虽然无法完全准确地预测每个人的具体行为，但可以根据一些常见的行为模式和概率性趋势进行推测。第三种高度不可预测性，在某些情况下，人类社会可能具有高度不可预测性。这通常发生在复杂、不确定或创新的情境中，例如在新的社会环境、紧急事件或不确定的决策情境中，人类行为受到更多的自由度、个体差异和外部因素的影响，因此预测变得更加困难。在这种情况下，人们的行为可能受到突发事件、情绪波动、非理性决策等因素的影响，导致无法准确预测其具体行为。

需要注意的是，人类行为的可预测性和不可预测性是一个相对的概念，不同的人类行为可能在不同的情况下呈现不同程度的可预测性。人类行为的复杂性使得准确的预测变得困难，并且在不同的环境和条件下，人们的行为可能呈现出不同的可预测性程度。因此，这样的概括虽然提供了一种基本的理解框架，但在具体情境中，仍然需要详细地分析和考虑各种因素来准确地预测和理解人类行为。无论如何，这样的模型设计，可以帮助我们更简洁、更高效、更有针对性地讨论存疑利益的问题。

（二）经济学中的存疑利益

经济学家在分析决策或行动中，会考量到机会成本、隐性成本、信息不对称等因素，但还是不得不面对市场失灵，无法实现有效的资源分配和社会福利最大化的局面。尽管经济学中采用了费用效益分析、均衡分析等分析范式，以期帮助人们了解市场经济中的存疑利益问题和潜在的不公平现象，帮助决策者在不确定性和复杂性的情况下做出最优的决策，但还是要面对决策的外部性。当决策所带来的影响不仅限于决策者本身，而是影响到其他人或社会的利益时，其他人应对方式的差异又进一步加强了不确定性。

经济学中甚至有分支学科——不确定的经济学派。不确定的经济学[1]中的“不确定”指的是，为预测未来的效果或结果所需的前置信息无法完全获取或计算且缺乏足够的统计学依据进行分析和量化的一种状态。不确定性的来源通常与不完全信息、各种风险、随机性、复杂性有关，

---

〔1〕不确定的经济学是经济学领域的一个分支，着重探讨在不确定条件下的决策过程和结果，研究各种不确定因素对经济系统和市场行为的影响。1916年美国康奈尔大学的弗兰克·奈特博士发表论文《风险、不确定性和利润》，从不完全竞争的角度，引入了不确定的概念。20世纪50年代，哈罗德·霍特林和威廉·贾斯普尔等人提出了对决策分析的量化方法，为不确定的经济学的发展奠定了更加严密的数学基础。到了20世纪80年代，斯坦福大学的经济学家肯·阿罗和约瑟夫·斯蒂格里茨等人将不确定的经济学应用于博弈论中，他们证明了在不确定场景下可推出优胜策略，并获得了诺贝尔经济学奖。不确定的经济学的发展经过了概率理论、决策分析、博弈论、计算机和数学方法等多个阶段，形成了一个更加完善和不断更新的理论体系，为更好地理解和解决各种经济问题提供了一种理论视角。

如技术创新、自然灾害、政府政策变化、金融市场波动等。美国经济学家弗兰克·H. 奈特（Frank Knight）在他的经典著作《风险、不确定性和利润》[1]中指出，风险和不确定性是不同的概念，风险是可预计可描述的未来的不确定性，而不确定则是无法预测不可描述的未来不确定性，前者可以被量化，而后者无法被量化。因此，决策者在市场竞争中不仅面临风险，还必须承担不确定性。他们需要利用各种信息和知识来预测未来的市场情况，作出相应的市场决策，承担决策失败的损失。不确定环境下的决策应该基于概率和非概率因素的考虑。不确定的经济学认为，人们在不确定条件下的决策行为应该是一种综合概率和非概率因素的解决方案，不仅考虑概率因素对预期结果的影响，还应考虑潜在的非概率因素对决策结果可能产生的影响。

不确定的经济学，强调在市场决策中需要特别关注不确定性，帮助人们更好地理解和处理决策中的风险和不确定性问题，如何寻找更全面和可靠的信息，建立更灵活和稳健的抗风险机制，制定更加谨慎和适应性强的决策方案等。所有这些对在法学领域研究存疑利益都有很好的参考和借鉴作用。

（三）其他社会科学中的存疑利益

“人们想当然地从对过去的解读中预测未来，总是忽视‘未来是不可预知的’这一观点。”[2]

---

〔1〕［美］弗兰克·H. 奈特：《风险、不确定性和利润》，安佳译，商务印书馆2010年版，第79页。

〔2〕［美］丹尼尔·卡尼曼：《思考，快与慢》，胡晓姣、李爱民、何梦莹译，中信出版社2012年版，第197页。

从社会学的角度来看，社会具有流动性，社会成员在社会阶层、地位、职业等方面发生变动和转移。低社会流动性容易导致某些人的利益被忽视或被压制。在社会生活中，有些群体由于社会认同感强，在群体内部关系密切，但与群体之外的人几乎没有互动；有些人由于个人的属性和身份特征而被排斥，产生与社会的隔离；有些人由于受到限制，缺乏发声和组织的渠道，他们的利益往往被忽视或被压制，被称为“沉默的群体”〔1〕。社会学家提出，社会结构中存在的一些不平等关系和权力分配会形成一种暴力，这种暴力是由社会结构本身所固化和强化的，因此被称为“结构暴力”。因此，在社会生活中存在的各种社会争议和冲突，这些争议涉及不同的利益群体，其中一些利益可能被忽视或被压制，这就是社会学中的存疑利益。

从伦理学的角度来看，存疑利益是指涉及道德和价值判断的问题。在全球化进程中，不同文化之间的交流和融合也涉及伦理上的存疑利益。有些人认为文化多样性应该得到尊重和保护，而有些人则认为应该推广全球一体化和文化统一。关于动物权利，对于一些人来说，动物拥有一定的权利和尊严，应该受到保护和尊重；但是对于有些人来说，动物只是人类的资源，可以被利用和消费。随着科学技术的发展，遗传工程技术的发展可能带来未知的风险和道德争议，例如克隆人和基因改造问题，人工智能是否应该具有道德责任问题等。在环境伦理中，某些行业的发展可能会对环

〔1〕沉默群体的概念是由美国社会学家 Shirley Ardener 于 1975 年提出的，她是 Edwin Ardener 的妻子。Shirley Ardener 在她的文章《言语中的女性：探索沉默与表达》（Women and Words：Explorations in Feminist Linguistics）中首次提出了“muted group”这个概念。这个概念描述了社会中一些被压制、无法充分表达自己的群体，主要集中在女性和其他少数群体。

境和公众健康造成负面影响，这时候就需要考虑环境和公众健康等方面的利益是否会被忽视或被损害。

从心理学的角度来看，存疑利益是指在决策或行动中，人们无法确定或预测的未来结果或后果。由于人类大脑的认知限制，人们常常难以准确预测未来，因此存在一些不确定的利益和风险。我们在决策和判断时，受到自己的偏见、经验和情绪等因素的影响而偏离了客观事实和逻辑。当我们面对未知或不确定的情况时，我们往往更倾向于采取安全稳定的选择，而忽视可能的机会或风险；出于规避风险的考虑，我们可能更倾向于采取已知的选项，而忽视可能存在的未知因素和变数。这样做可能会导致我们错失一些潜在的机会。心理上惯性思维，使得人们倾向于继续采取以前的做法，而不愿意尝试新的方法。在面对存疑利益时，如果人们习惯于采取以前的做法，可能会忽视新的利益或风险，导致利益无法得到充分保障或受到不必要的损害。

从政治学的角度来看，存疑利益是指在政治决策中存在的一些未明确或有争议的利益，这些利益涉及不同利益群体之间的关系，例如政府、企业、民间组织等。存疑利益可能与政治权力、公共资源、社会利益等相关，由于这些利益的不确定性和多样性，它们常常会引起政治决策中的争议和冲突。在政治决策中，存疑利益可能会导致一些利益得到不公正地对待或受到忽视，而另一些利益则可能被过度强调或优先考虑。例如在环保政策的制定中，政府需要考虑到不同利益群体之间的权益平衡，包括环保组织、企业、当地政府和民众等。如果政府在制定政策时过度强调环保组织的利益，而忽视了企业和当地政府的利益，则可能会导致政策执行困难，甚至引起社会不满和反对。反之，如果政府在制定政策时过度考虑企业和当地政府的利益，而忽视了环保组织和民众的利益，则可能会导致环境污染和生态破坏，从而损害整个社会的利益。

存疑利益在社会学、伦理学、心理学和政治学中都涉及不确定性和审慎原则。它们强调对观点、理论、道德判断或政治决策存在疑问或不确定性时的谨慎态度。这些领域中的存疑利益要求人们不轻易下结论，而是考虑多样性、权力关系和公正原则。它们提醒我们谨慎对待数据、证据和观察结果，避免过度解读或过于简化。存疑利益的应用可以帮助我们避免片面的观点和决策，考虑到不确定性和不同利益的平衡，以追求更准确、公正和全面的理解和评估。这些社会科学的研究成果及研究方法，对于作为社会规范的显性规则的法律，无论是在应然层面还是实然层面，都有着非同凡响的参考价值。

相较于确定性时代而言，在不确定性时代，自然、社会和法律等领域的知识体系发生了巨大变化。社会不再被视为知识生产的结果，而是参与其中的活跃力量，个体和公众开始更多地介入知识领域的生产过程。在知识体系的变革中，知识不是独立于权力存在的，权力与知识密切相关。在过去的确定性时代，知识的地位与社会政治调控密不可分，知识体系受到自上而下的调控，形成了基于确定性和社会凝聚力的思考方式。然而，不确定性历史时期带来了公众与知识之间新的关系。公众逐渐成为知识生产的参与者，迫切渴望参与知识生产方式的改变。公众拥有权力来改变知识生产方式，通过科学制度化、社会政策、经济和文化力量等途径实现。这种新的结构使公众成为对话者，探讨知识的益处和危害。同时，不确定性时代对社会的未来带来更具挑战性的影响。知识生产面临多种威胁，例如假新闻和阴谋主义等现象使人们对各种知识产生怀疑。在这种不确定性时代以及知识变革的背景下，如何进行调整以构建新的“法律—政治矩阵”，是人们不可回避的问题。

简言之，自然科学中的存疑状态为人类社会研究存疑利益提供了可借鉴的模型。在社会科学中，由于学科特点及研究对象、研究方法的差异，不同学科领域对存疑利益有不同的理解和解读。在现实生活中，人们需要认识到存疑利益的存在，积极探索解决的途径和方法，从而达到维护公正、合理和有序的社会秩序的目的。

二、存疑利益与法律

（一）不确定性与法律

存疑即不确定性。这在自然界和人类社会中是极为普遍存在的现象，但在科学研究领域并非如此。在经典物理学中，科学家们通常采用确定性的观点，认为自然界的运行是可预测和可计算的。这种确定性的世界观，对社会科学研究也产生了深远的影响，诸如经济学、社会学、心理学等领域，都曾试图采用类似于自然科学的方法来研究社会现象，希望通过收集大量数据、建立数学模型和应用统计分析等方法，来揭示社会行为的规律性和可预测性。20 世纪初，随着量子力学的发展和不确定性原理的提出，人类打开了新的研究领域并拥有了新的理论框架。社会科学的研究者们开始回归现实，认识到社会现象的复杂性和多样性。社会科学研究的对象由于涉及人类的行为、社会关系、价值观念等方面，这些因素具有较高的不确定性和变异性，难以通过简单的因果关系来解释和预测。法律的不确定性命题也是在这一时期提出的，这一命题虽然与西方传统法学强调的确定性相违背，但准确地表达了法律的客观状态。

法律中的存疑状态，也可以称之为法律的不确定性（legal indeterminacy）。有学者指出，法律的不确定性是指法律不能为法律纠纷提供一个正确答案。[1]首先，法律的不确定性可以源于法律规则本身的模糊性。法律文件中的文字可能存在含糊不清的表述，导致对法律规则的准确定义存在争议。例如，某些法律条文可能使用了模糊的词语或概念，如“公共利益”或“合理期限”，这些词语的具体含义可能因具体情境而异，从而产生不确定性。其次，法律的不确定性还与法律的解释和适用过程有关。法律的解释通常需要法官或其他司法机构对法律进行解读和裁判，但由于不同的法官可能有不同的观点、背景和偏好，他们对法律规则的理解和解释也可能存在差异。这导致同样的法律规则在不同的司法决策中被解释为不同的含义，从而产生了法律解释的主观性和不确定性。此外，法律的不确定性还与法律的演变和发展有关。社会和法律环境的变化可能导致法律规则的适用出现新的情况和问题，而现有的法律框架可能无法直接适用或解决这些新情况。这就需要法律制定者和司法机构对法律进行灵活性和创造性的解释和应用，以适应社会的变化。然而，这种法律的演变也会带来不确定性，因为法律规则的具体内容和适用方式可能随着时间和社会环境的变化而发生变化。总之，法律的不确定性是一个复杂且多维度的问题，涉

---

〔1〕 邱昭继：《法律的不确定性与法治——从比较法哲学的角度看》，中国政法大学出版社2013年版，第2页。

及法律规则本身的模糊性、法律解释的主观性以及法律的演变性等方面。恩迪科认为："模糊性以及因模糊性产生的不确定性，是立法的基本特征。"〔1〕

存疑利益是指在特定情境下，涉及利益的存在和性质存在不确定性或争议的情况。这些不确定性可能源于某个尚未经证实的事实，某个尚未明确界定的权利，或某种实现方式存在争议。在这种情况下，需要进行权衡、冲突解决或对法律标准进行解释以确定利益的具体情况。举例来说，在刑事案件中，可能存在存疑的证据或对是否认罪的争议，这可能导致案件结果的不确定性。同样，在民事案件中，可能存在对法律标准或解释的争议，这也可能导致案件结果的不确定性。因此，存疑利益指的是在特定情境下，利益存在不确定性或争议的状态。此外，在法律制定和执行过程中也可能存在存疑利益。例如，在环境保护和公共卫生方面，可能存在不确定的科学证据和评估，这可能导致政策制定和执行方面的不确定性和争议。因此，法律上存在的存疑利益，需要通过权衡不同利益和标准，以及适当的程序和标准来解决。

确定性规则固然具有很多好处，但是，我们通过语言这种工具表达出来的规则，客观上不一定能达到确定性的效果。有些法律词语历史悠久，有些来自大众语言或已经进入大众语言，有些通过给予普通词语特别的含义来发明其词汇，有些是为了表达简洁的行业术语或借用其他行业术语。这些词汇交织在一起，意义难以分辨。"正义"这个法律中最重要的词，

〔1〕［英］蒂莫西·A.O. 恩迪科特：《法律中的模糊性》，程朝阳译，北京大学出版社 2010 年版，第 1 页。

博登海默称其“有着一张普洛透斯似的脸，变幻无常，随时可呈不同形状并具有极不相同的面貌”。[1]此外，没有一种属性在一切情况下都具有相关性，也没有普遍适用的单一的实质原则。当我们寻找一种实质原则时，我们所探求的东西就是哈特称之为“变换或变化着的标准，用它来决定在为了任何特定目的时哪些是相似的或不同的。就这方面而言，正义就像真的、高的、温暖的概念一样，有一个暗含的参照标准，而这个标准是随着对所适用的事物的分类而有所不同的”。[2]这个变化着的标准也是由利益的流动性决定的。这个标准可以是实质性的，范伯格归纳了5种：“（1）完全平等原则；（2）需要原则；（3）品行和成就原则；（4）贡献原则（或应得报酬的原则）；（5）努力的原则（或劳绩的原则）。”[3]这个标准也可以是程序性的，例如，先来后到的排队原则，或者随机抽签的原则。

理性不是万能的，即使是最有经验的立法者，也不可能穷尽未来社会的全部情形。“历史上所有的政府和法律制度，无一不是法律规则与自由裁量共存。从自由裁量权广泛存在意义上讲，没有一个政府能够做到‘只受法律统治’而不受‘人的统治’。所有法治政府都是法律统治和人的统治的结合。”立法者常常将利益分配的决定权交给特定的个人或机构，以便在未来面临具体问题时能够做出最合适的判断。此时，法律所面对的不是抽象个人的抽象意愿，而是具体人的具体需求。决定权可以交给当事人，即亲身经历事件的人，也可以交给裁判者，通常是国家机关及其工作

〔1〕［美］E·博登海默：《法理学：法律哲学与法律方法》，邓正来译，中国政法大学出版社2004年版，第261页。

〔2〕［英］哈特：《法律的概念》，许家馨、李冠宜译，法律出版社2006年版，第79页。

〔3〕［美］J. 范伯格：《自由、权利和社会正义——现代社会哲学》，王守昌、戴栩译，贵州人民出版社1998年版，第79页。

人员。法律的建立必须依赖于人们之间的社会关系和现实情况，同时，一旦法律得以制定和实施，个体的交往行为及其相关社会关系也需要依据法律的准则得到规范和调整，以便将复杂多样的个体交往行为纳入统一的规范框架之中。

我国学界已经开始研究裁判不确定性的相关议题。王国龙提出，判决的可预测性是建立司法公信力的社会基石，我们应该致力于提升司法的公信力，通过增加判决的可预测性来实现这一目标。〔1〕张军提出，自由裁量不仅仅是基于法律和事实，还受个人法律意识的影响。为了避免自由裁量的异化，应通过规范的培训提升法官素养，以确保其自由裁量权的正确行使。〔2〕而邱昭继则认为，法律的不确定性并不等同于法律合法性的丧失或法治理想的破灭。只要不确定的司法判决具备合法性、客观性和可预测性，即使法律存在不确定性，法治理想的实现仍然是可能的。〔3〕

（二）利益与法律

利益是社会活动的原始动力，是驱使人们追求和行动的动机。在自我与社会关系方面，利益的概念引发了一场认识上的革命，这种新的认识成为法国大革命的思想基础。利益与法律密切相关，它是每个国家和民族制定和颁布法律的基础，也是法律的真正创造者。法律的产生和发展都源于对社会利益的分配和融合的过程和需求。法律的目的在于实现社会利益，因此法律制度实质上是一种利益调控机制。法律调整利益的方式包括表达

〔1〕参见王国龙：《判决的可预测性与司法公信力》，载《求是学刊》2014年第1期。

〔2〕参见张军：《法官的自由裁量权与司法正义》，载《法律科学（西北政法大学学报）》2015年第4期。

〔3〕参见邱昭继：《法律的不确定性与法治的可能性》，载《政法论丛》2013年第1期。

利益要求、平衡利益冲突以及重组利益格局。纠纷解决过程也是利益分配的过程。

“制度可以被理解为是对于如何实现利益来说的合法化的规则和模式。”[1]利益根据不同的标准可以划分成不同类别。根据发生领域的不同，利益可以分为物质利益、政治利益和精神利益。按照主体的不同，利益可以分为个人利益和公共利益，而公共利益则包括人类利益、国家利益、民族利益、阶级利益、集体利益和家庭利益等。从时效性角度来看，利益可以划分为长远利益、短期利益和眼前利益。根据作用范围，利益可以分为整体利益、局部利益和个别利益。根据实现程度，利益可以划分为既得利益和将来利益。最后，根据其合法性，利益可以分为合法利益和非法利益。

庞德将利益分成了个人利益、公共利益和社会利益。个人利益是包括在个人生活中并从个人的角度提出来的主张、要求或愿望。公共利益是包括在政治生活中并从不同角度所提出的主张、要求和愿望，可分为两类：国家作为法人的利益以及国家作为社会利益的保卫者的利益。社会利益是存在于社会生活中并为了维护社会的正常秩序和活动而提出的主张、要求和愿望。[2]

梁上上教授则将利益分成当事人的具体利益、群体利益、制度利益（法律制度的利益）和社会公共利益。当事人的具体利益是案件双方当事人之间的各种利益。群体利益则是类似案件中对类似原告或类似被告作相

〔1〕［瑞典］理查德·斯威德伯格：《利益》，周明军译，中央编译出版社 2020 年版，第 180 页。

〔2〕张文显：《二十世纪西方法哲学思潮研究》，法律出版社 1996 年版，第 124~125 页。

似判决所生的利益。社会公共利益具有整体性和普遍性的特点，其主体是公众，即公共社会，内容涉及经济秩序和社会公德等方面，还涉及深层的公平正义等法律理念。[1]

抽象的利益并不构成法律。法律并不创造或发明利益，而只是对于社会中的利益关系加以选择，对特定的利益予以承认，或者拒绝承认特定的利益应受法律保护。法律对利益的保护主要通过界定权利义务来实现，而实然层面上的权利义务是构筑在事实基础上的。“事实先于权利和义务而存在，并且是权利和义务之决定性因素。没有准确的事实认定，权利和义务就会失去意义。”[2]法律中对事实的认定，所依据的是该事实是否有确实充分的证据作为其根据，是否符合已有的证据所证明的其他事实，等等。因此，根据证据认定的事实和客观事实之间始终存在距离，也就是说事实真伪不明的状态始终存在。

然而，法律不像科学。科学的发现经得起等待，甚至“宣布未知”也是一种科学态度；而法律具有时效性，即使事实真伪不明，权利义务仍然要在一定的时间限度内得以确认。这种确认影响到利益主体未来的利益。也就是说，真伪不明的事实在法律处理中对利益主体的未来利益产生重要影响，特别是在事实存疑时，利益如何分配成为关键问题。法律通过选择适当的保护形式来维护利益，例如权利和义务，与这些形式所代表的利益之间并非一一对应，而是基于理性认识后进行的抽象设计结果。哈特认为语言在引导行为时通常能够明确适用于明显的情况，但在边界问题上总存

〔1〕 参见梁上上：《利益衡量论》，北京大学出版社 2021 年版，第 118~120 页。

〔2〕［美］罗纳德·J·艾伦：《证据法的理论基础和意义》，张保生、张月波译，载《证据科学》2010 年第 4 期。

在一定的不确定性。因此，在处理真伪不明的事实时，法律必须面对这种不确定性，并努力找到一种合理的方式来处理和分配利益。语言的“开放结构”[1]是人类语言的一般特征，难以消除，因而，借助语言来表达的法律也存在着所谓的“开放结构”。然而法律上的空缺，并不意味着法律背后利益的空缺，只是“开放结构”背后的利益更为隐性。法律对“开放结构”的制度安排，实质就是对法律存疑时利益的分配。法律对社会的控制离不开对利益的调整，这种调整在事实存疑和法律存疑的状态下仍然持续。

“事实上所有的法律制度都以不同的方式协调两种社会需要。一是需要某种规则，这种规则能够由私人可靠地适用于他们自己，而不需要官员的即时指导或对社会问题的权衡。二是对某些问题需要留待精明的官员的选择来解决，这些问题只有在其出现于具体案件时才能适当地评价和解决。”[2]哈特所说的第二种方式之所以需要，就是因为立法者、法官、普通人，都处在各自特定的时空之中，由于不同的利益需求，对事实的认知和对法律的理解存在着难以克服的差别。然而，不论事实存疑还是法律存疑，利益的分配始终与法律的时效性紧密结合。

法律的调整范围明确定义了其与道德、宗教等其他调整手段的区别。法律调整范围内的利益经过是非评价后，被区分为合法和非法利益。这是对多层次利益进行选择的过程，包括私人利益、社会利益、整体利益和局部利益，以及短期利益和长期利益的相互交织。在平衡合法利益的同时，

〔1〕［英］哈特：《法律的概念》，许家馨、李冠宜译，法律出版社2006年版，第132页。
〔2〕［英］哈特：《法律的概念》，许家馨、李冠宜译，法律出版社2006年版，第130页。

也需要解决合法利益之间的冲突。非法利益的攫取会破坏利益格局，需要通过重整来修复。

在法律实践中，存疑利益的应用主要包括以下方面：在诉讼中，双方争议的事实或证据往往涉及存疑利益。在这种情况下，法官需要根据证据的可信度和证据的证明力等因素进行判断，以确定存疑利益的归属。在合同中，当双方就某些条款的约定存在争议时，存疑利益也会成为问题的关键。在这种情况下，当事人需要根据合同的约定以及相关法律规定进行解决。在行政权力的行使中，存疑利益也常常出现。例如，在土地征收过程中，土地所有权的归属和补偿问题就涉及存疑利益。在这种情况下，政府需要依法合理行使行政权力，尽可能保护存疑利益的当事人的合法权益。

“法律是被创造出来的，而且，它是在不同的时间、地点和场合，由不同的人群根据不同的想法创造出来的。人在创造他自己的法律的时候，命定地在其中贯注了他的想象、信仰、好恶、情感和偏见。这样被创造出来的法律固然可以是某种社会需求的产物，但是它们本身却也是创造性的。着眼于前一方面，不同社会中的不同法律可能被发现履行着同样的功能，甚至分享某些共同的原则，而由后一方面我们看到，发自人心的法律同时表达了特定的文化选择和意向，它从总体上限制着法律（进而社会）的成长，规定着法律发展的方向。总之，法律之为物，既不纯是客观的，也不纯是主观的，它同时秉有主观与客观两种性质。”〔1〕

法律的产生是为了适应利益调节的需求，而法律的变化和发展源于利益关系的变化和发展，最终归结到人们对利益要求的变化和发展。因此，

〔1〕 梁治平编：《法律的文化解释》，生活·读书·新知三联书店 1994 年版，第 54 页。

利益规律可以被视为法律的基础，法律制度实质上是一种利益制度。法律对利益的调控在立法和司法两个层面上进行。立法过程的主要功能是通过制定法律规则来实现对利益的合理分配，并同时解决利益的合法性问题，为具体利益主体的利益实现提供法律依据，保障和救济社会对利益的需求。如果说法律规则的制定是对利益的初次分配，那么可以说，司法过程是对各种利益进行评估、界定、权衡，通过诉讼机制解决利益冲突，进而再分配利益的过程。在法律规则的文本层面上，利益冲突处于潜伏状态，是未来可能发生的情况；而在司法过程中，这种冲突已经变成现实状态，从抽象的利益冲突演变为具体主体之间的现实利益冲突。司法过程的目的在于在法律框架内为这些冲突寻求解决方案。法律在本质上是一种表达和保障利益的机制，而法律纠纷的实质就是当事人之间相互的利益冲突。这决定了立法和司法裁判的最终目标在于调整各种利益冲突。

法律作为一种重要的利益调控机制，通过法律文本实现对利益的初次分配，而司法过程则涉及对各种利益进行评估、界定和权衡，以解决利益之间的矛盾冲突，并进行再分配。法律制度的设计都考虑到利益的分配，因为它直接影响着人们的行为，而法律规范主要通过调整人们的行为来实现各种利益的获取和转让。

利益法学所倡导的司法审判方法基于一个前提：法律规范是立法者为解决各种利益冲突而制定的原则和原理。在这个意义上，我们需要将法律规范视为一种价值判断，即认为在相互冲突的社会群体中，一方的利益应优先于另一方的利益，或者冲突双方的利益都应服从第三方或整个社会的利益。为了作出公正的判决，法官必须确定立法者通过特定法律规则旨在保护的利益。在相互冲突的利益中，法律倾向于保护的利益应被视为优先的利益。因此，赫克及其追随者大肆宣扬法官对成文法和制定法的依附性。他们拒绝为法官提供实在法所未规定的任何价值标准，甚至在作为整体的法律制度没有为解决利益冲突提供任何根据的情况下，他们也没有告诉法官应当如何行事。[1]从这个角度来看，利益权衡与司法活动密切相关，司法责任本身涵盖了对不同利益的确认和合理分配。

在现代法治社会中，司法是社会纠纷的最终裁判者。司法的基本功能是实现法律的核心价值，通过裁判解决社会矛盾，维护社会秩序，同时实现最低限度的社会公正，保护人的尊严。在传统的成文法国家中，法律规范具有双重属性：在诉讼发生之前，法律是一种行为规范；在诉讼阶段，法律则是一种裁判规范。诉讼制度从某种意义上来说，是利益分配的制度。

---

〔1〕［美］E·博登海默：《法理学：法律哲学与法律方法》，邓正来译，中国政法大学出版社2004年版，第150页。

第二章

法律中的存疑利益是如何形成的

存疑利益是由包括社会、政治、经济、道德等多个因素交织而形成的。本章将从自然方面的原因、社会方面的原因以及法律本身的原因三个方面来分析存疑利益的形成。

一、自然方面的原因

自然方面的原因是存疑利益形成的背景和条件之一。自然方面的原因指的是人为无法干涉或控制的原因，包括个人先天的出生以及后天的运气。诚然，有时候出生和运气很难做出明确区分，出生在什么样的家庭，出生时携带着怎样的基因，这算是出生还是运气造成的呢？基于本书是对法律问题的探讨，因此，笔者把先天出生时的家庭背景、携带的基因这一类因素归为出生，而把那些在后天生活中碰到的偶然情况界定为运气。

（一）出生方面的因素

现代法律制度倡导人人平等，但这是法律理念上的。在现实生活中，人与人之间差异很大。每个人在出生时都带有一系列无法选择的因素，如家庭背景、社会地位、民族、种族、性别、肤色等。这些因素对个人的发展、机会和待遇产生深远的影响，进而直接影响到个人享有的权利和利益。家庭背景和社会地位在很大程度上决定了一个人在生活中所处的环境和资源的分配。“社会阶层被视为一种系统性的力量，它决定了谁获得更多的教育，谁获得更少的教育。”〔1〕经济条件、教育机会、社会关系等都受到家庭背景和社会地位的影响。不平等的起点可能导致机会的不均等，使得一些人从出生开始就面临着更大的困难和挑战，而另一些人则享有更多的机会和优势。民族、种族、性别和肤色等身份特征也会对个人产生深刻的影响。历史和社会结构导致了对这些身份特征的不平等对待和偏见，导致一些人在享受权利、获得机会和受到平等对待方面面临更多的障碍和歧视。这种不公平的影响限制了人们追求自由、平等和公正的能力。

原本以为人类在更微观的基因层面，是人人平等的。美国前总统克林顿（Bill Clinton）曾于2000年6月26日在“人类基因组计划”完成人类DNA序列第一份完整草图的演讲中提到：“我们所有人生而平等，有权在法律下享有平等待遇。毕竟，我相信从这次人类基因组内部的胜利探险中得出的一个伟大真理是，在基因方面，所有人类，不分种族，99.9%以上都是相同的。”〔2〕然而，近些年来的科学研究表明，就是这0.01%的基因差异，使得人们在智力、能力、精神状态等方面存在巨大差异。美国心理

〔1〕［美］凯瑟琳·佩奇·哈登：《基因彩票》，陆大鹏译，辽宁人民出版社2023年版，第11页。

〔2〕 Remarks by the President, Prime Minister Tony Blair of England (via satellite), Dr. Craig Venter, President and Chief Scientific Officer, Celera Genomics Corporation, on the completion of the first survey of the entire human genome project at https: //clintonwhitehouse3. archives. gov/WH/New/html/genome-20000626. html (Last visited on 15 June, 2023)

学家和行为遗传学家凯瑟琳·佩奇·哈登（Kathryn Paige Harden）在她的著作《基因彩票》中，引用了爱尔兰小说家塔娜·法兰奇（Tana French）的《女巫榆树》的一段话作为卷首语。这段话是“我曾经相信，运气是我身体之外的东西，运气仅仅负责决定哪些事情会降临到我身上，哪些又不会……现在我认为我错了。现在我相信，我的运气在我的身体之内，运气是凝聚我的骨骼的基石，是缝合我的DNA隐秘挂毯的金线。”

（二）运气方面的因素

卡尼曼（Daninel Kahneman）曾说过：“重大历史事件是由运气决定的，尽管这一说法显然是正确的，却依旧令人震惊。”[1]确实如此，人们通常可以客观看待坏运气，但常常倾向于把好运气看作是自己能力优秀。

在人类早期文明中，如果指控的事实无法查清，又希望裁判具有公信力，就会采用诸如神明裁判、抽签抓阄等方式。神明裁判，“典型的就是对被指控者施以火或者水的检验，上帝会显示神迹救助无罪的人，如果这样，提出起诉者将受到惩罚；否则，被告将被宣判有罪并被放逐或者处死。……冷水裁判法把五花大绑的嫌疑人浸泡在已经驱魔的河水或者井水里，然后神职人员用杆子戳他们，看他们是沉下去还是漂起来。基于纯净的水会抵制罪恶的理论，漂浮起来的人会被宣布有罪；而那些令人信服地沉下去的人得以表明清白，可以幸运地活下来。”[2]抓阄的方式，例如，“一七八四年，乾隆盛世，英国帆船‘赫弗斯小姐号’停靠在黄埔港内，

---

〔1〕［美］丹尼尔·卡尼曼：《思考，快与慢》，胡晓姣、李爱民、何梦莹译，中信出版社2012年版，第197页。

〔2〕［英］萨达卡特·卡德里：《审判为什么不公正》，杨雄译，新星出版社2014年版，第25、27页。

向首次来华的美国帆船‘中国皇后号’鸣放礼炮，不幸造成岸上一位大清子民死亡。由于几门礼炮齐鸣，实难辨清真凶。广州官府威胁，若三日内不交出凶手就要绞死大班，还要逮捕英国商务督办。几度交涉无望后，炮手们掣签决定谁是倒霉蛋……”[1]用现代观点来看，早期文明中这些裁判模式都可以看作是运气裁判模式。

法律是一个动态的体系，一直在变化和演进。立法机构通过制定、修改和废止法律来反映社会的需求和价值观的变化。因此，如果一个人的某个不好的行为正好被新的法律规范所覆盖，那么这个人可以说是运气不好，因为他的行为被纳入法律规制范围之内，可能会面临法律的制裁。相反，如果某个违法行为恰好被废止或修改，那么在此之后从事该行为的人可以说是运气好。他们在废止或修改之后从事该行为将不再被视为违法行为，因此不会受到法律的制裁。法律的变化可以影响一个人的法律地位和责任，因此一个人的运气在某种程度上与法律的变化密切相关。以酒驾入刑为例，我国在2011年以前，酒后驾车只是一项不被提倡的行为，只有酒后驾车造成了负面的后果，法律才加以规制。然而，自2011年5月1日起，根据《刑法修正案（八）》[2]的规定，醉驾正式入刑。在这一天之后，只要酒后开车（血液中的酒精含量达到一定程度），行为本身就构成犯罪，而不论是否造成了其他后果。

在刑法体系中，存在一定的追诉时效期限。这意味着一旦某个犯罪行为在一定时间内没有被发现或没有被起诉，那么涉及该犯罪行为的人就不

---

〔1〕 邓子滨：《诉讼模式如何影响审判结果》，载《读书》2019年第6期。

〔2〕 为行文方便，本书中提及的我国法律规范文件均省略“中华人民共和国”字样，如《中华人民共和国刑法修正案（八）》简称为《刑法修正案（八）》。

再承担刑事责任。这种限制存在的原因之一是确保司法资源的合理利用。司法系统资源是有限的，无法追查和起诉所有犯罪行为。因此，在一定时间内，如果犯罪行为没有被发现或起诉，犯罪嫌疑人或被告人可能会因为追诉时效期限的过期而逃脱法律责任。当然，某些特别严重的犯罪行为会被排除在追诉时效期限之外，使其无法逃脱刑事责任。追诉时效期限的设定是为了平衡公共利益和个人权益之间的关系，为了确保司法系统能够集中资源追查和起诉那些最为严重和重要的犯罪行为。然而，客观上这就变成了某些罪犯的“好运气”。需要特别说明的是，笔者在这里只是描述一种客观存在的情形，并不表示认可这些罪犯的所谓“好”运气。

“如果一个人是由于无法抗拒的恐惧而被迫做出违法的事情；或者如果一个人缺乏食物或者其他生活必需品，除非他人没有任何其他办法保全自己，就像在大饥荒中无法用钱购买或者施舍得到食物时行劫或者偷窃一样，那么，该人可以完全获得恕宥，因为任何法律都不能约束一个人放弃自我保全。”[1]霍布斯的期待可能性理论旨在综合考虑个体行为者的情况，避免对其提出过高要求，以确保刑罚决策的合理性。该理论表达了对犯罪者不幸处境的同情，并含蓄地探讨了境遇因素对刑事责任认定的影响，但并不意味着完全否定其责任。期待可能性是一种评判，其应基于一定的准则，以避免滥用这一概念。

按照内格尔（Thomas Nagel）的观点：“凡在某人所做之事有某个重要方面取决于他所无法控制的因素，而我们仍然在那个方面把他作为道德判

〔1〕［英］霍布斯：《利维坦》，黎思复、黎廷弼译，商务印书馆1985年版，第234~235页。

断对象，那就可以称之为道德运气。”〔1〕他把道德运气分成了生成的运气、环境的运气、原因性运气和结果性运气四种。〔2〕在这当中，结果性运气可以用于类比法律中的运气。这里的结果性运气指的是结果并非取决于自由意志做出的行为。“亚当·史密斯在一篇讨论道德情感的文章中说，既然未遂与既遂的行为人是同等可责备（culpable）的，那么对于他们的区分处罚就是非理性的，从而只是来源于古老的报复本能。”〔3〕例如，在刑法中，未遂犯一般是可以比照既遂犯从轻、减轻处理的。犯罪未遂不是犯罪中止，不是犯罪嫌疑人自动放弃犯罪，而是由于犯罪嫌疑人意志以外的原因导致犯罪目的未能达成。如果按照“每个人应当对自己的行为负责”这一逻辑推演的话，既遂和未遂的处理结果应该是一样的。也就是说，在现实中，如果犯罪未遂，对于犯罪嫌疑人来说，他就拥有了好运气，因为对他的处理会比对既遂犯要轻。但是，如果站在被害人及其亲属的角度来看，这就是刑罚对被害人及其亲友的抚慰机能。“当国家对犯罪人绳之以法，对其判处相应刑罚之时，被害人及其亲友的忿懑感情便有了慰藉，伤痛的心灵便得到了抚慰。”〔4〕然而，即使如此，还是可以看作是犯罪嫌疑人的好运气：就是因为他的运气足够好，犯罪没能得逞，所以没有被害人和其亲属需要被慰藉，因而犯罪嫌疑人也得到了较轻的判罚。

内格尔认为：“在并非由人们的过错引起或由超出他们控制能力的因

〔1〕［美］托马斯·内格尔：《人的问题》，万以译，上海译文出版社 2021 年版，第 36 页。

〔2〕参见［美］托马斯·内格尔：《人的问题》，万以译，上海译文出版社 2021 年版，第 38 页。

〔3〕See Adam Smith, *The Theory of Moral Sentiments*, Cambridge University Press, 2002. 转引自陈坤：《运气与法律》，载《中外法学》2011 年第 1 期。

〔4〕谢望原：《刑罚价值论》，中国检察出版社 1999 年版，第 51~52 页。

素引起的事情上，不能从道德上对人作评估。”[1]在法律领域也大体如此。法律通常将个人视为能够自主行动和做出决策的自由主体，因此会要求个人对其行为的后果承担法律责任。但是，在特定情况下，个人的行为还可能受到不可抗力或特殊情况的影响，或者受到个人的能力和心理状态等因素的影响，这些人自身不可控的因素有时也需要考量和处理。如果个人只对自己的自主行为负责，将无法适应社会发展中丰富的可能性，也会对良好的社会秩序形成产生阻碍。这意味着法律在考虑责任时，需要考虑个人行为背后的社会和环境因素，而不仅依赖于个人的自主选择。

二、社会方面的原因

社会是个动态的系统，社会中的个人与群体是复杂的，利益需求也是多元化的，而社会变迁导致新的问题出现，公众舆论又将新问题产生的社会影响呈几何倍数放大。社会变迁和公众舆论可能导致存疑利益的产生，从而催生新的立法议程，或者促使法律适用在一定范围内具有弹性。

（一）社会变迁

社会变迁是指人类社会从一种状态向另一种状态的演变和转变，涵盖了人类社会在各种领域，包括政治、经济、科技、文化等在内的发展和变化。社会变迁是社会发展的自然状态，也是社会适应环境变化的必然要求。社会变迁可能是缓慢而渐进的，也可能是剧烈而迅速的，它可以是社

〔1〕［美］托马斯·内格尔：《人的问题》，万以译，上海译文出版社 2021 年版，第 34 页。

会进步的表现，也可以是社会退步的表现。社会变迁是由于人类对自然和社会环境的适应而不断发生的。社会变迁并非偶然事件，而是一种正常的社会现象，是人类社会发展的必然过程。

存疑利益的形成与社会变迁密切相关。社会是一个不断演变和变化的体系，经历着各种经济、政治、文化和技术上的变革。这些变革引发了新的利益诉求和冲突。社会的发展和进步会导致原有的利益格局被重新定义，旧有的利益可能会受到威胁或削弱，同时新的利益也会出现。这种变迁就给利益带来了不确定性，使得某些利益变得存疑。

技术革新和科学进步也是社会变迁的重要组成部分。技术进步对社会带来了深远的影响，改变了人们的生活方式、生产方式以及社会组织形式。这种变化可能导致存疑利益的重新界定。新的技术和科学知识可能会引发利益的变化、转移或重新分配，对社会成员的利益诉求产生影响。技术革新和科学进步往往伴随着利益的冲突和竞争。新技术的引入和科学发现的应用可能导致资源的重新配置，不同社会群体和利益相关者之间可能会争夺和竞争有限的利益资源。这种利益的冲突和竞争可能引发社会不满、社会运动以及权力关系的重塑。

技术革新和科学进步对社会不平等产生深远影响。一方面，技术进步可以创造新的利益机会，改善人们的生活条件。然而，另一方面，技术进步也可能加剧社会的不平等，使得少数人能够获得更多的利益，而其他人则可能被边缘化或失去利益来源。因此，技术革新和科学进步对于利益的分配和社会不平等产生着重要影响。技术革新和科学进步对社会产生深远的变迁和文化转型。新的科技和知识催生了新的社会价值观、行为规范和文化模式。这种变迁可能导致存疑利益的变化和重塑，使人们对于利益的认知、追求和评判标准可能发生变化。技术革新和科学进步引发的利益问题常常需要社会反应和政策调整来解决。社会中的利益相关者、政府、非政府组织等各方可能会通过社会运动、立法、政策制定等方式来回应利益冲突和分配问题，以确保利益的公平和可持续发展。

社会变迁往往引发存疑利益的出现或加剧。当社会发生变化时，可能会对原有的利益分配、权力结构、价值观念等产生影响，从而导致存疑利益的出现。社会变迁可以引发利益冲突、价值观念的多元化、权力重新分配等情况，使一些利益受到挑战或未能得到满足，进而导致存疑利益的存在。同时，存疑利益也可以促进社会变迁。当一部分人或群体的利益受到侵害或忽视时，他们可能会倡导变革，争取权益保护，推动社会变迁的发生。存疑利益的存在可以激发社会对于改革、公正、平等的追求，推动社会结构和制度的调整。因此，社会变迁和存疑利益之间是相互关联的，社会变迁可以引发存疑利益的出现，而存疑利益又可以促进社会变迁的发生。这种关系在社会变迁的过程中起着重要的作用，需要通过平衡和协商来解决存疑利益，以促进社会的稳定和进步。

法律的调整范围不仅仅局限于当前的事务，还包括未来事务。立法者需要具备清晰明确的预见和判断能力，以便对未来的情况做出合理的安排。尽管立法者一直在努力对法律调整未来事务进行规划，但他们只能根据当前的认知和理解来制定法律，无法预知未来时空中所有的细节变化。法律具有不确定性。[1]社会的变动和法律的稳定性之间的矛盾可能导致法

〔1〕 Brian Leiter, "Legal Indeterminacy", *Legal Theory*, 481, 1 (1995).

律的不确定性，并冲击法律体系。法律执业者在对法律规则的不断适用过程中，可能出现越来越多的例外情况。这是由于保守性是法律的基本特征之一，“与社会法律的永续发展相比，显然，僵硬、固定的国家法绝大多数时候都落在后面”[1]。这些例外降低了规则的纯度，使得规则的应用呈现出一种介于规则和标准之间的灰色地带。[2]

保持法律的相对稳定，确保法律可被理解和人们的行为可预测，是法律的重要特征。然而，社会是不断演变和变化的，新的情况和问题可能会出现。法律需要具备灵活性，以适应社会的发展，并确保法律与现实情况和社会价值观保持一致。因此，在维持法律稳定性的同时，我们需要不断审视和调整法律，以确保其与社会的变化和发展相适应。这样才能保证法律的公正性和合理性。因此，“法律是一种不断完善的实践”[3]。

（二）公众舆论

在当代社会中，公众舆论成为了一个不可忽视的力量。社交媒体平台的兴起，使得信息的传播更加迅速和广泛。个人通过互联网可以随时表达自己的观点和看法，与他人分享和讨论事件和话题。在法律领域，司法判决往往成为公众关注的焦点。一些高度敏感和备受关注的案件，如重大刑事案件和公共利益诉讼，往往引发公众的广泛讨论和争议。司法判决作为法律体系的核心环节，对于维护社会秩序、保障公民权益具有至关重要的作用。然而，随着社交媒体和新闻媒体的迅速发展，公众舆论在

---

〔1〕［奥］尤根·埃利希：《法律社会学基本原理》，叶名怡、袁震译，中国社会科学出版社 2009 年版，第 302 页。

〔2〕Carol M. Rose, “Crystals and Mud in Property Law”, *Stanford Law Review*, 577, 584, 40 (1988).

〔3〕［美］德沃金：《法律帝国》，李常青译，中国大百科全书出版社 1996 年版，第 40 页。

法律领域中的影响力日益增强。公众舆论对司法判决的评价和批评经常引起广泛的争议和讨论。这引发了对司法判决与公众舆论之间相互关系的深入思考。

司法判决与公众舆论之间的互动对司法系统的公正性和法治原则的实施产生着深远的影响。公众舆论作为一种社会力量，具有广泛的传播渠道和强大的影响力，可以对司法判决产生正面或负面的评价和批评。“西方社会提出‘监督功能理论’（The Watching Function Theory），将传媒监督看作是继立法权、行政权、司法权之后的‘第四种权力’，强调传媒监督政府、防止权力滥用的制度性功能。”〔1〕这种互动涉及权力与公正的平衡，以及司法系统在公众信任和法治原则中的角色。公众舆论的参与可以促使司法系统更加注重公正性。当公众对某一案件或判决结果表示质疑或不满时，司法机关可能会面临舆论压力，被迫重新审视案件的细节和证据，以确保判决的公正性。公众舆论的监督作用有助于纠正司法系统中可能存在的偏见、腐败和滥用职权等问题，从而提高司法系统的公正性。然而，公众舆论也可能对司法判决产生过度的影响，从而损害司法系统的独立性和公正性。如果司法判决受到公众舆论的过度干预，法官可能因受到外部压力，偏离法律规定和证据，做出迎合公众情绪的判决。在这种情况下，司法判决的公正性可能会受到损害，法治原则也会受到侵蚀。因此，权衡司法判决的独立性和公众舆论的影响是一个重要的挑战。在实践中，司法系统可以通过多种方式应对公众舆论的影响，以维护公正性和法治原则。首先，司法机关应该积极倡导透明和信息公开的原则，以便公众了解司法程

〔1〕 吕宁：《伦理与法律：网络舆论与法院审判的冲突与平衡》，载《求索》2010年第3期。

序和判决依据。这有助于提高公众对司法系统的信任，并减少公众对判决结果的质疑和误解。其次，司法机关应该加强对法官和执法人员的职业道德和专业培训，以确保他们能够独立思考和决策，不受外界压力的影响。此外，司法机关可以与公众进行积极的沟通和对话，解释判决的理由和法律依据，以提高公众对司法决策的理解和认同。

司法判决的开放性和透明度对于使公众更好地理解和接受判决结果具有重要意义。通过增加司法系统的开放性和透明度，可以提高公众对判决的信任度，并减少对司法决策的质疑和误解。首先，开放和透明的司法判决可以增加公众对司法系统的信任。公众对司法系统的信任是维护社会稳定和法治原则的关键。通过向公众展示司法判决的过程和依据，他们可以更好地了解司法决策的逻辑和法律依据，从而对判决结果产生更多的信心。这种信任可以增强公众对司法系统的合法性认可，促进社会对司法判决的接受。其次，开放和透明的司法判决可以提高公众对判决结果的理解和认同。司法决策通常涉及复杂的法律原则和证据分析，对于一般公众来说可能难以理解。通过向公众解释判决的理由、法律依据和证据链条，可以帮助他们更好地理解判决的合理性和公正性。这种理解可以减少对判决结果的误解和不满，为公众提供更具体、准确的信息，使他们能够更好地接受和支持判决结果。此外，开放和透明的司法判决还可以促进公众参与和监督司法过程。公众的参与可以通过公开庭审、媒体报道和社交媒体讨论等形式实现。公众可以更广泛地了解司法程序和案件细节，发表意见和评论，提供对司法判决的不同视角和观点。这种参与可以促进司法系统的公正性和透明度，并在一定程度上减少滥用职权和偏见的可能性。总而言之，司法判决的开放性和透明度是建立在法治原则上的重要要求。通过加强司法系统的开放性、透明度和公众参与，可以增加公众对司法判决的信任和理解，促进社会对司法决策的接受和支持。这对于维护司法公正、加强法治建设具有积极而重要的意义。

三、法律方面的原因

法律制度作为社会规范系统，是在与社会相互作用的过程中不断发展的。为了应对社会的复杂性和不确定性，法律规范需要具备一定的灵活性和适应性，而这种灵活性和适用性很大程度上也会产生存疑利益。法律文本模糊以及自由裁量权的行使就是这种灵活性和适用性的体现。法律案件事实的真伪不明是人类认识能力的有限性造成的，无论社会如何变化发展，总有一些案件会处于真伪不明的状态，那么与这些法律案件事实相关的存疑利益也就自然而然地产生了。也就是说，法律文本模糊、法律事实真伪不明都可能导致存疑利益的产生。

（一）法律文本模糊

国家立法通常会制定适用于一般情况和高概率事件的规定，但对于某些低概率事件，法律无法事先详细说明每一种可能性。由于无法面面俱到地覆盖各种罕见情况，所以法律通常使用模糊的措辞来适应这些特殊情况。这样做的好处是，可以为司法系统和相关当事人提供一定的灵活性，以便根据具体情况做出合理的判断和决策。对于低概率事件和高信息成本事件，由于这些事件可能在预定的法律框架内无法被准确预测和规定，法律的模糊性可以更好地平衡公共利益和个人权益。有学者认为："模糊语

词在法律文本中的运用是基于回应社会变迁的考虑。”〔1〕

法律的制定过程可能存在缺陷或不充分地参与，导致某些利益得不到充分考虑或表达。法律条文也可能存在理解上的歧义或适用上的争议，这些歧义和争议可能导致某些利益得不到充分保障或者受到不必要的损害。此外，法律的执行也可能存在时空差异，导致同一种利益在不同地区或不同时期得到的保障程度不同。法律在实践中可能遇到特殊情况，需要进一步解释或调整，但是这些解释或调整可能会涉及不同利益群体的冲突。法律可能需要面对一些崭新的社会现象，但是这些事件的原因、影响和后果均不确定，因此难以确定如何保护相关利益。法律制度受到不同国家或地区的影响，不同的法律文化、制度、法官、法律实践等因素会导致存疑利益的出现。

有学者指出：“模糊的‘堆’的概念是建立在精确的‘粒’的基础上，而人们在判断眼前的东西叫不叫‘一堆’时，从来不用去数‘粒’。有时，人们把模糊性看成一种物理现象。近的东西看得清，远的东西看不清，一般地说，越远越模糊。但是，也有例外情况：站在海边，海岸线是模糊的；从高空向下俯瞰，海岸线却显得十分清晰。太高了，又模糊。精确与模糊，有本质区别，但又有内在联系，两者相互矛盾、相互依存也可相互转化。所以，精确性的另一半是模糊。”〔2〕

法律是由不同机关在不同时间制定的，它们构成了一个相互关联的体

〔1〕 参见乔晓阳主编：《中华人民共和国立法法讲话》，中国民主法制出版社 2008 年版，第 170 页。转引自张玉洁：《法律文本中的模糊语词运用研究》，山东大学 2016 年博士学位论文。

〔2〕 刘应明、任平：《模糊性——精确性的另一半》，清华大学出版社、暨南大学出版社 2000 年版，第 XIII 页。

系，具有不同的效力。然而，这些法律之间存在着一种复杂的关联。现行的法律对于执法者和当事人来说，是否仍然有效取决于具体情况。执法者和当事人需要仔细研究适用的法律条文，并考虑其效力和相关性。不同法律文件之间是否一致也需要进行仔细的比较和解释。如果发现法律文件之间存在不一致或冲突，就需要确定适用哪一个。然而，这些问题并不是一个法律可以明确回答的。法律的复杂性意味着在纷繁的法律文件中理清各种细微关系是困难的。这种关联的建立通常需要在具体案件中逐步形成。只有通过具体案件的解释和解决，才能更好地理解和建立法律文件之间的关联。因此，建立这种关联是一个解释的过程，需要依赖于司法实践和专业解释者的努力。法律解释者通过研究和分析法律文件，解决具体案件中的争议，从而逐渐揭示不同法律文件之间的关联和解释。这样的解释过程对于确保法律的一致性和适用性至关重要。[1]

法律作为人类创造的产物，不可避免地受到人类认知的局限性所带来的固有缺陷的影响。尽管在定义法律的过程中，人们往往将其与理性相联系，试图使其合乎理性的原则，但我们必须承认，人类理性本身存在固有的缺陷，这也不可避免地影响了法律的本质和运作。首先，人类认知具有局限性。作为有限的存在，人类的认知能力是有限的。我们的知识、经验和理解都是有限的，而这些因素会直接影响我们对法律的理解和制定。我们所处的历史、文化、社会背景以及个人的认知偏见等都会对我们对法律的认知和理解产生影响。因此，我们不能期望法律能够完全摆脱人类认知的局限性，而能够在所有情况下提供绝对客观和准确的解决方案。其次，

〔1〕 乔晓阳主编：《立法法讲话》，中国民主法制出版社 2000 年版，第 163~166 页。

人类理性的固有缺陷也会对法律产生影响。虽然理性被认为是冷静、客观和逻辑的思维方式，但在实际运用中，人类理性也受到情感、偏见和主观因素的影响。法律的制定和解释往往涉及价值判断、权衡利益和权力分配等复杂的问题，这些问题本身就受到人类理性固有的限制。不同的人可能根据自己的理性和价值观对同一法律进行不同的解读和评价，这反映了人类理性的相对性和主观性。正因为人类认知和理性的局限性，我们需要意识到法律的相对性和动态性。法律是一个不断发展和演变的体系，需要随着社会的变化和认识的深化而不断调整和完善。法律的制定和解释应该考虑到不同视角、不同利益和不同社会群体的需求，以实现公正和公平。同时，法律也需要灵活适应社会的变化和需求，以应对新兴问题和挑战。然而，我们必须承认，法律的制定和解释是由有限的立法者和司法者来完成的。他们在制定法律和解决案件时，只能依靠当前的认知和理解，无法穿越历史和未来，对所有细节变化做出准确的安排。这意味着法律可能存在一定的缺陷和不完善之处。

法律所使用的语言不同于逻辑语言或科学性语言，它们并非外延明确的概念，而是一些多少具有弹性的表达方式，其含义可能会在一定的范围内发生波动，需视具体的情况、所指事物、逻辑顺序、语序等因素而定。[1]自文明时代以来，法律由文字符号组成，这些文字符号既是人类思维的产物，也是表达人类思维的方式和工具。然而，正是因为人类思维的各种缺陷不可避免地存在，这些缺陷也必然会在制定以文字符号为基础的法律中留下痕迹。“一切法律规范都必须以作为‘法律语句’的形式表达

〔1〕［德］卡尔·拉伦茨：《法学方法论》，陈爱娥译，商务印书馆2003年版，第193页。

出来，可以说，语言之外不存在法。只有通过语言，才能表达、记载、解释和发展法。”[1]文字符号在法律中扮演着重要的角色，它们是法律规范的表达方式和工具。然而，由于文字符号的本质特点以及人类思维的局限性，表达不清或歧义的文字符号往往会导致法律的模糊性。人们在对法律文本进行解释和理解的过程中会引入不确定性。

语言本身也在不断发展，特定词语的含义在不同的社会生活条件下会发生变化，而且语言中存在着“开放结构”，每个人在理解法律文本的过程中，都不能排除解释者受到的历史背景的影响。[2]首先，文字符号的表达不清可能源于其多义性和模糊性。许多词语和短语在语言中具有多种解释和含义，这取决于上下文、语境和个人理解。当这些具有多义性的词语和短语被用于法律文本中时，可能会导致不同的解读和理解，从而产生法律的模糊性。例如，一个词语的含义可能因为不同的解释而产生不同的法律后果，使人们对法律规范的准确性和适用性产生疑问。其次，文字符号的歧义性也是导致法律模糊的原因之一。歧义指的是一个词语或短语有两种或多种解释，使得无法确定其确切含义。当法律条文或合同条款存在歧义时，就会给解释和适用法律带来困难。不同的解释可能导致不同的法律后果，造成法律的不确定性和模糊性。这种歧义性可能是因为法律文本的编写不够精确、详细或全面，也可能是因为法律领域中的概念模糊或定义不清晰。此外，法律的模糊性还可能由文字符号的限制性和刚性造成。文字符号通常是离散的、静态的符号，无法完全涵盖复杂的社会现实和变化

---

〔1〕［德］伯恩·魏德士：《法理学》，丁小春、吴越译，法律出版社2003年版，第71页。

〔2〕See Neil MacCormick, *Legal Reasoning and Legal Theory*, Oxford University Press, 1978, pp. 65~69.

的情境。各项权利都是制定法或判例法以语言的方式予以规定的，语言作为法律发生作用的媒介，深刻影响着法律目标是否得以实现及其实现程度。[1]法律规范需要适应不同的情况和情境，但文字符号的固定表达往往无法满足所有具体情形的要求。这使得法律无法提供明确和详尽的规范，从而产生了模糊性。法律语言具有概括性。“在任何大型团体中，社会控制的主要工具一定是一般化的规则、标准和原则，而不是个别地对每一个个人所下的特定指示……法律的内容所涉及的必须主要是（但不一定要完全是）一整个阶层或种类的人、行为、事物与情况。”[2]此外，法律的修订和更新过程相对较慢，无法及时反映社会的变化和发展，进一步加剧了法律的模糊性。

视角不同也会造成法律模糊。立法者、法官、法律实务者、法学家以及普通公民之间存在着不同的法律视角和观点。这种差异在处理法律问题时常常显现出来。即使是法律职业者，在不同的语境下也可能对同一法律做出不同的解释。立法者视角的法律观是指从立法者的角度来看待和制定法律的观点。立法者通常是政府机构或机构的成员，他们负责制定法律，旨在为社会创造一个法律框架来指导行为和解决争议。他们的视角着重于公共利益、社会秩序和法律的整体规划，以促进社会的稳定和发展。司法者视角的法律观是指从法官的角度来看待和解释法律的观点。法官的任务是根据法律规定和法律原则来处理案件并做出裁决。他们关注的重点是法律的适用和具体案例的解决，以确保公正和法律的正确实施。法律实务者

〔1〕［美］布赖恩·比克斯：《法律、语言与法律的确定性》，邱昭继译，法律出版社 2007 年版，第 1 页。

〔2〕［英］哈特：《法律的概念》，许家馨、李冠宜译，法律出版社 2006 年版，第 113 页。

视角的法律观是指从实际法律实践者的角度来看待和应用法律的观点。这包括律师、法务人员和其他法律从业者。他们的关注点是在具体案件中应用法律，解决客户的问题，并为其提供法律建议和代理服务。法学家视角的法律观是指从法学理论研究者的角度来看待和分析法律的观点。法学理论家致力于研究法律的原则、价值和理论基础，以推动法学的发展和法律制度的改进。他们的视角更加理论化和学术化，主要关注法律的理念、历史背景和社会影响。普通公民视角的法律观是指普通公民对法律的理解和看法。公民作为法律的主体，他们对法律的关注主要集中在自身的权利和义务，以及法律对社会的影响。他们可能从实际经验和日常生活的角度来看待法律，关注法律是否公平、公正和合理。人们在观察和解释法律现象和法律关系时会带来一定的不确定性。法律因果关系涉及客观要素和主观要素，尽管因果关系本身是客观存在的，但由于人们可能无法用当前的认知工具来解释其联系，可能导致未能完全发现或理解这种关系。因此，在研究法律因果关系时存在一定的不确定性。这些不同视角的存在导致了法律解释的多样性和争议。每个视角都有其独特的背景、利益和价值观，因此对同一法律可能会有不同的解释和理解，由此导致法律的模糊不确定。

法律冲突也会造成法律模糊。立法者在法律体系内整体规划方面存在不足，会导致不同法律之间出现规范内容的冲突。不论是成文法体系还是判例法体系，法律的制定和法律体系的完善都是一个漫长的发展历程。一个国家的法律体系无法一蹴而就。尽管这对法律体系的逐步发展是一种积极的现象，但对于法律体系的完备性而言，也增加了立法者的负担。这要求立法者在制定每一部法律或者制定每一个判例时，都要对之前的立法或判例进行全面的审查和检查。然而，在实践中，立法者进行这种审查和检查的能力和条件并不总是随时可得，这为法律规范之间的冲突埋下了隐患。对于一种公正、合理的权利体系来说，权利的和平共存和和平相处是一项重要的原则。〔1〕立法者在整体规划方面的欠缺主要表现在以下几个方面。首先，立法者往往局限于特定的法律议题，缺乏对整体法律体系的全面考量。他们可能更关注当前的问题和利益，而忽视了与其他法律之间的协调和一致性。其次，立法过程通常较为分散和分段，不同的法律可能由不同的立法机构或部门负责，导致难以形成整体性的规划。法律体系存在的冲突会引发法律适用中的冲突问题，进而导致不确定性。其中，一些冲突可能源于利益集团之间隐含的价值冲突。这种不确定性给法律的应用带来了挑战。〔2〕此外，立法者还可能受到政治、经济等多种因素的影响，导致其决策偏离理性和整体规划的路径。再次，冲突的产生也与立法者的认知能力、认知水平、道德价值取向和表达方式等因素密切相关。由于立法者在制定法律时存在的限制条件，以及对之前法律的审查不充分，法律规范之间的冲突问题不可避免地出现。这些冲突可能涉及法律条文的解释、法律之间的优先级、法律的适用范围等方面。立法者的个人经验、偏好和观念也可能影响他们对法律规范的理解和解释，从而导致冲突的发生。

人类理性的有限性也是造成法律模糊的原因。人类理性在把握当下事物方面的有限性，从而导致法律存在不确定性的情况。法律作为一种整体

〔1〕 程燎原、王人博：《赢得神圣——权利及其救济通论》，山东人民出版社 1998 年版，第 210 页。

〔2〕 See Cass R. Sunstein, *Legal Reasoning and Political Conflict*, Oxford University Press, 1996, pp. 4~5.

性的行为准则，基于对当下社会关系的总结，并具有未来可预期性。尽管人类理性可以对当下社会关系进行整体性总结，并尽力避免遗漏，但并不能完全避免一些被忽视的情况。换句话说，法律可能存在某些方面的缺陷或不完善，无法覆盖所有可能出现的情形。

（二）法律事实真伪不明

“事实”在《现代汉语词典》中被解释为“事情的真实情况”。由此，我们可以看出：第一，事实是一种判断，而且是一种确认为真的判断；第二，事实与“事情”有关联。罗素（Russel）在为维特根斯坦（Wittgenstein）的《逻辑哲学论》所撰写的导言中说“事实是不能定义的”〔1〕。于是，他如是描述“事实”——“当我谈到一个‘事实’时，我不是指世界上的一个简单的事物，而是指某物有某种性质或某些事物有某种关系”。罗素所指的事实，就是对事物性质或关系的正确判断。这在逻辑学上可以称为直言命题、关系命题，并且命题的逻辑值均为真。“事实”和“事情”的关系可以从自然语言中窥知一二。例如，“昨天下雨了”既可以说是事实，又可以说是事情。事实的真实性就体现在事情已经发生了或正在发生，是确实存在的；将来发生的事情，就不能说是事实了，因为还未发生，真实性无从判断。然而，即使都表示已存在的事情，“事实”和“事情”也并非没有差别。当我们强调分析、说明、推理时，例如“由于暖湿气流的影响，昨天下雨了”，所指称的即为事实；当我们仅仅是描述时，例如“昨天下雨了，今天天晴了”，所指称的即为事情。此外，“事实”通常表达单数含义，而“事情”可以表达单数含义也可以表达复数含

〔1〕［奥］维特根斯坦：《逻辑哲学论》，郭英译，商务印书馆1962年版，第6页。

义。例如，“我告诉你一件事情”，这里的“事情”本身可能由很多件事情组成，而“很多件事情”如果是确实存在的，就可以叫作“很多个事实”，但在我们的语言表达习惯里，“很多个事实”就是很多个事实，没法集合成“一个事实”。由此看来，“事实”是一部分时间轴上的“事情”，也是一部分数量上的“事情”，“事实”似乎就来自于“事情”。

事情难以穷尽。一件事情发生、发展、结束，引起另一件事情发生、发展、结束。各种各样的事情，在不同的时间维度和空间维度里，不停发生，开始又结束。举个例子，发生了事情 A：昨天甲地连降 8 小时暴雨，排水系统不堪负荷，雨水涌向道路、桥梁和低洼地区。在事情 A 中，包含了：

a. 昨天甲地暴雨下了 8 小时；

b. 昨天甲地排水系统不堪负荷；

c. 昨天甲地多处道路、桥梁和低洼地区严重积水。

a、b、c 单独各是一件事情，组合起来成了 A 这件事。因为事情 A 是昨天确实发生的事，于是，我们可以从 A 中截取出 a、b、c 这三个事实。同时，我们发现，现有的部分事实可以经推理得出，甚至现有的事实还可以推出新的事实。继续之前的例子：如果已知 a. 昨天甲地暴雨下了 8 小时和 b. 昨天甲地排水系统不堪负荷，我们可以推理出 c. 昨天甲地多处道路、桥梁和低洼地区严重积水。或者，如果已知 a. 昨天甲地暴雨下了 8 小时，b. 昨天甲地排水系统不堪负荷和 c. 昨天甲地多处道路、桥梁和低洼地区严重积水，我们可以推理出新的事实 d. 昨天甲地多处居民因为积水出行困难。由此发现，事实就是在连续不断发生的事情里截取的“碎片”。同时，这些碎片还可以叠加起来拼成新的碎片，即用来解释、说明、推导新的事实。

既然事实是通过“截取”和“叠加”的方式得来的，那么就可以根据不同目的、采用不同标准来进行。目的不同、标准不同，得出的事实自然也有差异。因而，一件确定的事情也可以获得不同的事实。仍旧继续上文的例子，A 当中的事情 a，我们可以截取出三个事实：a1. 昨天甲地下雨了；a2. 昨天甲地下了暴雨；a3. 昨天甲地暴雨下了 8 小时。这三个事实的截取对于一个待在家的人差别不大，但对一个在室外高空作业的人影响甚大。

众多的因素导致事实具有不确定性。事物的本质和相互关系是复杂而多样的，我们对事实的认识会受到科学技术水平和个人认知水平的限制。我们对事物的认识受到我们所拥有的信息和能力的限制。在面对纷繁复杂的生活世界时，我们无法涵盖所有事情的细节。我们的观察和调查都会有所选择，从而导致我们建立的联系和描述不完全。尽管人的认识能力在不断发展，但仍然存在局限性。我们所拥有的知识、个人经历和社会环境都会对我们的认知产生影响。每个人的先天性格、后天的背景和知识结构以及个人阅历都会以不同程度影响我们的认知能力。人性让我们习惯于依赖旧有的知识体系来评估新的认知的合理性。这种偏见可能阻碍我们接受新的事实或新的观点。在社会科学领域，事实的不确定性更加显著。由于社会科学的复杂性和主观性，对事实的解释和理解可能存在更多的不确定性。此外，记忆障碍、遗忘和虚假记忆也会影响事实的准确性和可靠性。

在哲学和法律领域，对于“事实”的理解和用法存在一些差异。在哲学领域中，“事实”通常指的是客观存在的事件、情况或情节，与主观的意见或信念相对。哲学上的事实是与现实世界相对应的描述或陈述，可以通过观察、经验或推理来确定。而在法律领域，“法律事实”是指在诉讼程序中涉及的具体情况、事件或行为。法律事实是与特定法律案件相关的事实陈述，这些事实对法院的决策具有重要影响。法律事实可以是争议的，需要通过证据的收集、呈现和审查来确定。尽管在某些情况下，哲学上的事实和法律事实可能是一致的，但在法律领域中，法律事实更具体，并与特定的法律案件相关。法律事实通常需要通过诉讼程序和法庭审理来确定，而且可能受到特定的法律标准和证据规则的约束。在法律制度中，“事实发现的目的，部分在于寻求真相，部分在于平息冲突，部分在于维持某人经验世界中行之有效的常识——并且都事关法律和文化之间的融合，以至于其中任何一个方面都受到其他方面的影响和支持。”〔1〕

缺乏或不可靠的证据是导致法律事实无法查清的一个重要原因。证据在法律程序中具有至关重要的作用，它们提供了确凿的信息和支持，以帮助法律机构做出准确的判断和决策。然而，当涉及特定事实的证据缺乏或不可靠时，就会产生事实的模糊性和不确定性。首先，缺乏足够的证据可能是导致事实无法清晰确定的原因之一。在一些情况下，特定事实的证据可能非常有限或根本不存在。这可能是由于证据的缺失、丢失、破坏或不可获取性所导致的。例如，在一起犯罪案件中，缺乏目击者或物证可以使得调查人员无法得出确凿的事实结论。其次，证据的可信度和完整性问题

〔1〕［美］劳伦斯·罗森：《法律与文化：一位法律人类学家的邀请》，彭艳崇译，法律出版社2011年版，第79页。

也可能导致事实的不确定性。证据可能存在不可靠性、不充分性、主观性或偏见等问题，使得其无法提供清晰、准确的信息。证人证词可能存在矛盾、不一致或可信度低的问题。物证可能受到操纵、篡改或破坏，使其失去可靠性。此外，证据的完整性也是一个关键问题。当证据不完整或缺失关键部分时，法律机构难以获取全面的信息来支持事实的确定。证据可能受到偏见或篡改的影响，从而导致事实的模糊性。人们可能因个人意见、动机或利益而有意扭曲或歪曲证据，以达到特定的目的。证据可能被操纵、编辑或伪造，以改变其原本的含义或影响其真实性。这些不诚实的行为会对事实的查清产生负面影响，使其变得更加困难。总之，缺乏或不可靠的证据是导致法律事实无法清晰确定的一个主要原因。证据的缺失、可信度和完整性问题，以及证据受到偏见和篡改的影响，都对事实的查明和确定构成挑战。

陈述不一致是导致法律事实无法查清的另一个重要原因。在法律程序中，当涉及不同当事人或证人对同一事实提出不一致的陈述时，就会产生事实的模糊性和矛盾性。首先，记忆差异是导致陈述不一致的一个常见原因。每个人的记忆都受到个体经验、感知和认知过程的影响，因此，即使是对同一事件或细节的回忆，不同个体之间的差异也是不可避免的。“认知自大有双重影响：我们高估自己的知识，低估不确定性。”〔1〕人们的记忆可能受到时间的流逝、事件的情感性质、个体的情绪状态等因素的影响，从而导致对事实的陈述存在差异。其次，意见偏见和立场利益也可能

〔1〕［美］纳西姆·尼古拉斯·塔勒布：《黑天鹅——如何应对不可预知的未来》，万丹译，中信出版社 2009 年版，第 112 页。

导致陈述不一致。当事人或证人可能根据自身的观点、信念、偏好或利益，有意或无意地对事实进行解释、强调或省略。他们可能希望支持自己的主张、维护自己的权益，或者可能存在利益冲突，因此在陈述中可能出现倾向性或片面性。这些偏见和利益的影响会导致不同陈述之间的矛盾和不一致。此外，当事人或证人的知识、观察角度、语言表达方式等因素都会影响他们对事实的理解和陈述。因此，即使是在没有明显偏见或利益冲突的情况下，不同人也可能对事实提出不一致的陈述，进而导致事实无法查清。

主观性和解释性是导致法律事实无法查清的另一个重要原因。在法律领域，存在许多涉及个人主观感受、意见或解释的事实，这些事实的真实性往往难以客观验证，给事实查明带来了困难。首先，价值观是主观性事实中的重要组成部分。每个人都有自己独特的价值观和道德观念，这些观念会影响他们对某些行为或事件的看法和评价。例如，一个人可能认为某个行为是合理的，而另一个人可能认为它是不道德的。由于价值观的主观性和多样性，对于这类事实的真实性进行客观验证是困难的。其次，意图是另一个涉及主观性和解释性的重要事实。人们的意图是指他们在行动中的意图、目的或动机。但是，意图是个人内心活动的一部分，无法直接观察或量化。在法律程序中，当事人的意图通常通过其陈述、行为和相关证据进行推断和推理，但这仍然具有主观性和解释性。不同的解释可能导致对当事人真实意图的不同理解和评判。此外，情感状态也属于主观性事实的范畴。个体的情感状态，如恐惧、愤怒、喜悦等，对其行为和态度产生重要影响。然而，情感状态是个体主观体验的一部分，无法直接观察或测量。对于情感状态的证明往往依赖于个体的陈述、行为或其他相关证据，但仍然存在主观性和解释性的挑战。由于这些事实涉及个人内心的感受、意见或解释，其真实性难以直接确定。因此，主观性和解释性的事实使得法律中的事实查明变得复杂和困难。

在法律中，事实的查清受到时间、空间和专业限制的影响，这是导致法律事实确定困难的另一个重要原因。事实发生在遥远的过去、特定的地点，或者涉及专业知识和技术，这些限制条件给事实查明带来了挑战。首先，时间限制对事实查明构成影响。一些案件可能发生在遥远的过去，涉及的证据和目击者可能已经不复存在，或者目击者的记忆已经模糊。随着时间的推移，证据的丢失、目击者的失去联系以及相关记录的损坏或销毁，都可能导致事实的查明困难。在这种情况下，法律程序必须依赖于现有的证据、档案记录和目击者陈述，以还原事件的真实情况。然而，时间限制影响了我们对过去事实的全面了解，可能导致信息的不完整性和不确定性。其次，空间限制也会对事实的查明产生影响。某些案件发生在特定的地点，例如远离法庭所在地或难以到达的地区。在这样的情况下，获取证据和听取当事人陈述可能面临困难。证人可能难以到庭作证，物证可能无法运送或无法保存，这给事实查明带来了困难。解决这一问题的方法之一是利用现代技术，如视频会议和远程证言，以便跨越时间和空间的限制，确保证人能够参与程序并提供关键证据。另外，专业限制也是事实查明的一项重要挑战。某些案件涉及特定领域的专业知识和技术，如科学、医学、工程等。对这些领域的了解需要具有特定专业背景的专业人士参与。法律程序需要借助专家证人的陈述和专业报告，以理解和解释涉及专业知识的事实。然而，专业限制可能导致专业意见的多样性和争议，不同专家之间的观点可能存在差异。因此，时间、空间和专业限制使得事实查明变得更加困难。

此外，区分法律问题与事实问题也不是件轻而易举的事。关于如何说明法律与事实之间的区别存在争议，也可以听到不计其数的论调，〔1〕甚至包括这样的观点：这一区分完全是个幻象。〔2〕在法律领域，之所以区分法律问题和事实问题并非一项简单的任务，是因为法律问题和事实问题之间常常相互交织、彼此影响，并且在解决法律案件时需要综合考虑。首先，法律问题涉及法律规则、原则和法律解释等方面。它们与法律体系和法律原则的适用相关，包括法律的解读、解释和适用范围。法律问题通常需要法律专业知识和法律分析来解决，这涉及对法律条文、先例和法规的理解和解释。与此同时，事实问题关乎案件中发生的具体事件、行为和情况。它们需要通过证据、证人陈述和相关材料来支持或证实。事实问题的解决通常涉及收集、审查和评估证据，以了解事件的经过、相关人员的行为和其他相关事实。然而，在实践中，法律问题和事实问题往往相互交织。在解决法律问题时，法官、律师和法律专业人士需要了解和评估与案件相关的事实。同时，理解事实问题也需要考虑与之相关的法律规则和原则。在解决案件时，法律问题和事实问题之间的界限并不清晰，而是相互依存和相互影响的。此外，识别和区分法律问题和事实问题也具有主观性和复杂

〔1〕 See Richard D. Friedman, "Standards of Persuasion and Distinction between Fact and Law", *Northwestern University Law Review*, 916, 86 (1992); Stephen A. Weiner, "The Civil Jury Trial and the Law-Fact Distinction", *California Law Review*, 1867, 54 (1966)。

〔2〕 Ronald J. Allen & Michael S. Pardo, "The Myth of the Law-Fact Dissinction", *Northwestern University Law Review*, 1769, 97 (2003).

性。不同的法律从业者和法官可能根据其专业经验、法律观点和判断来对问题进行分类和评估。同样的事实情况在不同的法律框架下可能被视为不同的法律问题。因此，将法律问题与事实问题区分开来是一项具有挑战性的任务。

在法律领域中，诉讼的前提是存在着相互对立的利益要求。司法制度在分配利益时基于事实的基础进行。通常情况下，法律依赖于清晰的事实来进行利益的分配。然而，事实清晰的状态并非始终存在。当事实存疑时，法律进行的利益分配活动被称为存疑利益的分配。法律中所指的事实并非追求自然和社会存在的绝对客观规律，而是在追求客观性的同时，以法律的意义追求其合理性。也就是说，法律对事实进行了价值判断和人文主义的衡量，以此来做出决策。简而言之，司法制度追求的最终价值是“善”而非“真”。在法律制度中，“真”只是实现“善”的手段，而并非目标本身。

第三章

法律分配存疑利益应当遵循的原则

存疑利益的法律分配是在多元主体的参与下进行的。社会生活中存在扮演不同角色和位于不同地位的各种主体，例如个人、企业、政府等。在特定情况下，对于某个决策或行为，不同主体持有的观点和利益是不同的。“在利益冲突的人类社会中，每个人都处在一种险境中，因为在每一条法律的通过中，都有可能让少数人的利益甚至是基本的生存利益被多数人的表决牺牲掉，而造成少数人陷于走投无路的绝境中。”〔1〕故以什么样的原则和方法支撑存疑利益的法律分配显得尤为重要。德国学者达姆曾道：“法律绝不仅是徒具语言形式的东西，它有所志，有所意味；它追求着务实的目的，它的眼中有它在生活中要贯彻的价值。”〔2〕

笔者认为法律分配存疑利益应当遵循的原则包括：弱者保护原则、大数法则原则、社会效果原则以及证明责任原则。法律上的存疑利益往往是由于事实不清或法律不明导致的。人类在探索未知领域和解决问题时，通

〔1〕林立：《波斯纳与法律经济分析》，上海三联书店2005年版，第199页。

〔2〕转引自黄茂荣：《法学方法与现代民法》，中国政法大学出版社2001年版，第257页。

常会利用已有的知识、经验和信息作为基础。在面对存疑利益时，我们可以凭借的因素可能包括：与该利益相关的主体身份信息、人们的既往经验、对结果的推测。在事实不清、法律不明的情况下，从身份上选择保护弱者，从既往经验上选择大多数人认同的规则，从结果预测上选择可以为社会带来正面影响的，这似乎是法律可以做出的最不坏的选择。再退一步，我们可能面临上述这些因素仍然未知的情况。那么，在法律必须做出裁断的情况下，证明责任原则，以程序方法回避直面实体问题，也就成为一个兜底性质的原则。诚然，这些原则里面隐含着一个前提，即存疑利益应当符合宪法的规定和精神，法律才能对其加以保障。

一、弱者保护原则

弱者保护原则是存疑利益分配的一项原则，旨在保护那些在社会和法律关系中相对处于弱势地位的个人或群体的权益和利益。由于弱势群体通常处于劣势地位，他们的声音很难被社会听见，他们可能更容易受到不公正对待或权益剥夺。这个原则的核心理念是通过法律手段，弥补权力、资源和信息不平等所导致的弱势群体面临的困境，以确保他们获得公平的待遇和平等的机会。

弱者保护原则的重要性源自社会中存在的不平等和不公正现象。弱势群体包括但不限于儿童、老年人、残疾人、贫困人口、受虐待者、难民和移民等。这些群体往往在社会、经济和法律体系中面临特定的挑战和风险，因此需要额外的保护和关注。弱者保护原则体现在法律和法规的各个层面。在立法过程中，制定者通常会考虑到弱势群体的特殊需求和利益，制定相关的法律保障措施。例如，针对儿童权益的法律、劳工法中的工时限制、反歧视法等都是弱者保护原则的具体体现。在司法实践中，弱者保护原则也起到重要的作用。法院在审理案件时，会考虑被视为弱势群体的当事人的特殊情况，并采取适当的措施来平衡权益和确保公正。例如，法院可能会对受虐待儿童的证言给予特别的关注和保护，或者为无法支付诉讼费用的贫困人口提供免费法律援助。

弱者保护原则的目的是推动社会正义和平等，并促使法律和制度更加包容和人性化。通过强调和保护弱势群体的权益，社会可以减少不平等现象的存在，并提供更好的机会和条件，使所有人都能够平等参与社会和法律活动。需要指出的是，弱者保护原则并非仅仅限于法律领域，在社会伦理、政策制定和公共服务等方面也起着重要的作用。弱势保护的实施需要多方合作，包括政府、法律机构、非政府组织和社会各界的努力，以建立一个更加包容和公正的社会。

法律面前人人平等，不一直是法律人所追寻的吗？那为什么还要保护弱势群体呢？这是由于不平等的产生原因多种多样，包括社会环境、自然天赋、运气和责任。对于不平等的分配正义理论应该将不同的原因进行区分，并对其采取不同的态度。一些不平等是由于个人的偏好和抱负造成的，而个人的偏好和抱负在道德上是有一定责任的，因此这种不平等不应该被纠正。如果一些人由于更高的抱负或更努力地工作而获得更多的收入，那么那些收入较少的人没有理由抱怨。另一些不平等是由于环境因素（如家庭背景）、天赋和运气造成的，而个人对于这些因素是没有责任的。一旦我们在决定分配份额时为社会偶然因素或天然机会的影响而感到苦恼，我们在思考时也不免要为另一种影响而感到苦恼。从道德的观点看，这两种影响似乎是同样毫无道理的。[1]在这种情况下，应该采取措施来纠正因环境不公、天赋不均或运气不佳所导致的不平等现象。

因此，对于因不同原因产生的不平等，应该根据其道德性质进行区分。个人努力和奋斗所带来的不平等应该被接受和尊重，而由于不公平的环境或天赋差异所造成的不平等则应该受到关注和纠正。这样的区分有助于建立一个更公正和平等的社会，使每个人都有平等的机会去追求其自身的抱负和目标。

借用博弈论中“智猪博弈”的模型来说明这种应该得到矫正的不平等。

猪圈里有两头猪在同一个食槽里进食，一头大猪、一头小猪。假设它们都是有着认识和实现自身利益的充分理性的“智猪”。猪圈很长，一边安装了控制饲料供应的踏板，另一边是出食口和食槽。猪每踏一下踏板，出食口就会有相当于10份的饲料进槽，但踩踏板加上跑到食槽边要消耗2份饲料的能量。假定：小猪踩踏板，大猪将吃到9份饲料，小猪将吃到1份饲料；大猪踩踏板，大猪将吃到6份饲料，小猪将吃到4份饲料；若两头猪同时踩踏板，大猪将吃到7份饲料，小猪将吃到3份饲料；若两头猪都不踩踏板，就都没有饲料吃。

“智猪博弈”的收益矩阵如下表所示。表中的数字表示在不同选择下，每头猪所能吃到的饲料数量减掉前去踩踏板的成本之后，得到的净收益

〔1〕［美］凯瑟琳·佩奇·哈登：《基因彩票》，陆大鹏译，辽宁人民出版社2023年版，第193页。

水平。

表 3–1　“智猪博弈”收益矩阵表

	小猪踩踏板	小猪等待
大猪踩踏板	5/1	4/4
大猪等待	9/−1	0/0

从收益矩阵中可以看出：小猪踩踏板只能吃到 1 份饲料，不踩踏板反而可能吃到 4 份饲料。对小猪而言，无论大猪是否踩踏板，小猪将选择“搭便车”策略，即舒舒服服等在食槽边。由于小猪有了“等待”这个优势策略，大猪只剩下了两个选择：等待就是吃不到；踩踏板就得到 4 份饲料。所以，大猪只好为了自己的 6 份饲料，不知疲倦地奔忙于踏板和食槽之间。所以，这个博弈的均衡解就是大猪踩踏板，小猪等待。

“智猪博弈”模型可以用来解释为什么强者应当承担更多义务。当强者和弱者承担同等义务时，社会总收益是 6；当义务呈不均衡分配时，社会总收益是 8，显而易见，义务的不均衡分配将带来更大的社会总收益。进一步细分，当强者承担更多义务时，强者和弱者的利益都得到了改善，当然强者有点“吃亏”；当弱者承担更多义务时，强者的利益得到大幅度改善，而弱者不仅没有得到利益，反而遭受了损失。站在立法者的角度，让强者承担更多的义务，让弱者搭顺风车，是个事半功倍的利益分配方案。

弱者保护原则似乎与自由理性、人人平等并不相容。亚当・斯密

（Adam Smith）认为个人“受着一只看不见的手的指导，去尽力达到一个并非他本意想要达到的目的……他追求自己的利益，往往使他能比在真正出于本意的情况下更有效地促进社会的利益”〔1〕，而结果将是，“自私的个人将与他人分享一切改良的成果”，从而使得“在肉体的舒适和心灵的平静上，所有不同阶层的人几乎处于同一水平，一个在大路旁晒太阳的乞丐也享有国王们正在为之战斗的那种安全”〔2〕。欧洲大陆受启蒙思想影响的哲学家们“都承认存在一种融贯的自由理论，承认将所有社会成员平等且和谐共存的一套自由最大化是可能的”。〔3〕

法律面前人人平等是现代法律制度的基本理念，但由于不公正的社会条件、现实中存在力量不平等的情况，法律主体常常处于实际不平等的状态。在这种情况下，为了平衡双方的不平等态势，法律应当有利于弱势群体。有学者认为，法律主体的强弱关系在现实生活中包含以下六种类型：政治强弱势、诉讼强弱势、行为空间强弱势、经济强弱势、合同强弱势、信息强弱势。〔4〕弱势群体往往由于资源匮乏、社会地位低下或权益不受保护而处于劣势位置。因此，法律在适用时应考虑到这些群体的特殊处境，并予以特殊的保护。然而，有利于弱者的解释并不意味着歧视或偏袒。它是在尊重法律原则和保护法律权益的基础上，寻求一种更加平衡和公正的解决方案。为了实现一个更公正和包容的社会，我们需要努力消除这些不

〔1〕［英］亚当·斯密：《国民财富的性质和原因的研究》（下卷），郭大力、王亚南译，商务印书馆1974年版，第79页。

〔2〕［英］亚当·斯密：《道德情操论》，蒋自强等译，商务印书馆1997年版，第229~230页。

〔3〕［英］理查德·贝拉米：《自由主义与现代社会》，毛兴贵等译，江苏人民出版社2008年版，第79页。

〔4〕参见周安平：《常识法理学》，北京大学出版社2021版，第267~268页。

平等，通过提供平等的机会和资源来确保每个人都能够充分发展和实现其潜力。重视个体的多样性和尊重每个人的权利是构建一个更公正和包容社会的关键。我们应该努力创造一个公平的社会环境，让每个人都有平等的机会去追求幸福和成功，无论他们的出生背景如何。只有通过消除这些不平等，我们才能建立一个更平等、更正义的社会。

保护弱者利益实质上是一种利他行为。“利他行为的出现一开始是偶然发生的，这些行为者的适应性成本相对来说是非常小的，小到我们可以忽略不计。但一旦有了第一步，接下来就会有一连串的结论。”〔1〕但是，这种利他行为如何持续下去呢？一个利他者的生存适应性“不仅取决于他与自私者的个别交往，还取决于他与其他利他者的交往；由于这些交往更容易达成合作从而使双方享受到合作的剩余，因此只要这个剩余足够大，就能弥补利他者损失的进化优势”。〔2〕

弱者保护原则意味着，在方法论层面会采用优先分配的方法，分配权益或机会时考虑特定群体或个体。根据这一原则，某些群体或个体在分配中享有优先权，优先获得资源或机会，以满足其特殊需求、权益或公共利益。优先分配的方法常常被用于社会公共政策的制定和资源分配中，以确保弱势群体或有特殊需求的个体能够得到适当的关注和支持。这些群体可能包括贫困人口、残障人士、老年人、儿童、难民等，他们在社会经济、教育、医疗、住房等方面可能面临不平等的条件和机会。优先分配法的具

〔1〕［美］亚历山大·J·菲尔德：《利他主义倾向——行为科学、进化理论与互惠的起源》，赵培、杨思磊、杨联明译，长春出版社2005年版，第104页。

〔2〕［美］赫伯特·金迪斯、萨缪·鲍尔斯等：《人类的趋社会性及其研究——一个超越经济学的经济分析》，浙江大学跨学科社会科学研究中心译，上海人民出版社2006年版，第22页。

体实施方式可以根据具体情况而定。例如，在教育领域，可以通过提供优先录取、奖学金、补贴或降低入学门槛等方式来确保弱势群体或有特殊需求的学生能够获得平等的教育机会；在医疗领域，可以设立专门的医疗服务或提供经济援助，以确保贫困人口或残障人士能够获得必要的医疗照顾和支持。优先分配法的目的是通过特殊的优先权安排，弥补社会中存在的不平等，确保社会正义和公平原则得到实现。它强调对弱势群体或有特殊需求的个体给予特殊关注和支持，以实现社会的全面发展和共同繁荣。

然而，弱者保护原则也存在例外。在个人名誉领域及知识产权领域，强势一方更容易受到侵害，或是说受到侵害后造成的影响更大。在个人名誉领域，强势一方通常是公众人物、名人或有影响力的个人。他们由于公众关注度高，更容易成为谣言、虚假信息、诽谤或侮辱的目标。这种攻击对个人名誉和声誉的损害可能是巨大的，影响到他们的社会形象和个人生活。因此，特别保护个人名誉的权益，维护公正和真实的信息传播对于保护个人权益、社会稳定和公信力具有重要意义。

在知识产权领域，强势一方通常是创作者、发明家或知识产权所有人，他们通过创造和创新产生了独特的作品、发明或商业标识。这些知识产权的所有人在保护其创作成果或独特商品上可能面临挑战和侵权行为，尤其是在数字化和网络时代，知识产权盗窃、盗版和侵权行为更为普遍。因此，为了鼓励创新和创造，保护知识产权所有人的权益至关重要。

在知识产权和个人名誉领域，法律制度通常会提供特殊的保护措施和法律规定，以确保强势一方的权益得到有效保护。比方说驰名商标的保护，著作权的保护以及诽谤、名誉损害等领域的法律规定和司法实践。保护强势一方的权益在知识产权和个人名誉领域具有重要意义，这些法律制度旨在维护公平、公正和社会稳定，并鼓励创新、创造和自由表达的环境。

二、大数法则原则

大数法则是概率论中的一个基本原理，指的是在重复独立实验的情况下，随着实验次数的增加，事件发生的频率将趋近于其概率。英国经济学家保罗·西布莱特（Paul Seabright）认为："相似个体所组成的大型群体的平均行为要比小型群体或群体中的个体行为更加容易预见。"[1]这是因为随着群体规模的增大，个体之间的随机差异会被彼此抵消，而群体整体的行为将呈现出更加稳定和可预测的趋势。在大型群体中，个体的不确定性和随机性会被平均化或抵消，从而产生一种整体趋势或规律。这使得我们能够更准确地对群体的平均行为进行预测和理解。[2]在群体中，个体往往容易受到集体意识的影响，因为群体具有强大的规模和影响力。个体的个性相对较弱，往往难以抵制群体思维的倾向。群体意识能够通过共享的观念、价值观和行为准则对个体施加压力，使其与群体保持一致。这种集体意识的影响可以在法律领域中产生重要的影响，包括法律规范的制定、司法决策的形成以及社会行为的规范等方面。

虽然个体单次的行为难以预测，但当考察的行为时间足够长时，对总

---

〔1〕［英］保罗·西布莱特：《陌生人群——一部经济生活的自然史》，梁娜译，东方出版社2007年版，第24页。

〔2〕［法］古斯塔夫·勒庞：《乌合之众：大众心理研究》，冯克利译，中央编译出版社2005年版，第18页。

体的行为方式相对而言还是能够有所预测的。[1]这是因为随着时间的推移，个体的随机变动会逐渐被整体趋势所主导，从而揭示出总体行为的规律性。在长时间尺度上观察群体行为，我们可以观察到一种叫作均值回归的现象。即使个体的行为可能受到各种因素的影响而表现出波动性，但整体群体的平均行为往往会围绕着一个平均值或中心趋势进行波动。这种预测虽然可能不是完全准确的，但在大多数情况下，它们提供了对群体行为的有益的参考和指导。因此，尽管个体的单次行为可能存在不确定性和随机性，但当我们放眼于较长的时间跨度时，我们仍然能够获得对总体行为的相对准确的预测和认识。这为我们在决策和规划过程中提供了重要的参考依据和理解框架。

大数法则为社会提供了一种稳定的评价体系。通过大多数人共同遵守和认可的规范和价值观，人们形成了一种共识和共同理解。这种稳定的评价体系为社会成员提供了指导和准则，使得他们可以相互合作、共同生活，并以一种相对和谐的方式共同发展。同时，大数法则也对社会秩序的维持起到了重要的作用。当多数人遵守相同的规则和行为准则时，社会的秩序能够得到稳定和保障。这种稳定的社会秩序为人们的生活提供了安全感和可预测性，促进了社会的繁荣和发展。

在立法时应该考虑大数法则，尊重大多数人的行为本性，并警惕过度代表少数派利益的现象。这种立法取向有助于制定更具普遍适用性和社会认可度的法律规则，维护社会的稳定和公正。人类的趋同性是大数法则在

---

〔1〕 参见［英］菲利普·鲍尔：《预知社会——群体行为的内在法则》，暴永宁译，当代中国出版社 2007 年版，第 165 页。

人类社会中生效的重要原因。作为个体，每个人都生活在以个人为中心的群体中，这使得与其他群体成员建立联系成为不可避免的现实。作为个人，我们渴望融入社会，与他人和谐相处，而模仿他人的行为、力求与他人保持一致，是融入人类群体的必要条件。在这个过程中，某些个体的行为会被其他个体有意或无意地模仿。在许多情况下，这种行为通过模仿者的反复实施而成为模仿者自身的习惯行为。随着当代社会传媒的广泛覆盖和其他因素的推动，个体行为的模仿者越来越多。因此，这种行为逐渐演化为群体中大多数成员共有的行为，即社会群体行为。这种社会群体行为逐渐演化为支配该群体的行为标准，也就是大数法则。

大数法则原则在法律中的应用中，通常涉及资源或权益的分配，这也可以看作是一种实验的重复。概率分配法基于统计学原理，通过对概率的计算和概率分布的分析，来确定资源或权益的分配比例。在这个过程中，概率分配法的实质是基于大数法则的应用。具体来说，大数法则告诉我们，在大量实验中，事件发生的频率会趋近于其概率。因此，当我们面临资源分配或决策时，可以使用概率分配法，通过统计数据和概率计算，进行合理的分配。例如，在赔偿案件中，如果某个事件发生造成损害，但具体损害数额无法准确确定的，可以采用概率分配法。根据相关证据和统计数据，我们可以计算出损害发生的概率分布，并将损害金额按照概率分布进行分配。这样做的依据就是基于大数法则，认为在大量类似的情况下，事件发生的频率会接近于其概率，因此分配结果也更具合理性和公平性。总而言之，概率分配法和大数法则有密切的关系。概率分配法在法律中的应用借鉴了大数法则的思想，通过统计数据和概率计算来确定资源或权益的分配比例。这种方法基于大数法则的基本原理，旨在提供一种合理、可预测和公平的分配方式。概率分配法的优点在于可以将不确定性纳入考量，并通过基于统计和概率的方法为决策提供一个可靠的依据。然而，概率分配法也有一些限制和争议，例如概率计算的依据和数据的准确性、分配结果的公正性等方面需要仔细权衡和审慎处理。

大数法则原则在法律中的应用，还涉及举证责任分配的制度设计。根据大数法则的原理，个体单次行为的随机性和不确定性使得确定某一特定行为的责任成为一项挑战。因此，法律制度需要设计相应的举证规则和责任分配机制，以确保案件中涉及的事实能够更加准确地被查明。在法律诉讼中，举证责任通常由原告承担。原告需要提供足够的证据来证明其主张的合法性或事实的存在。然而，由于个体行为的随机性和复杂性，有时候某些事实的证明可能存在困难或不确定性。为了应对这种情况，法律制度通常采用合理的举证标准和证据推定规则，有时甚至还会采用举证责任倒置。例如，在民事诉讼中，常常采用合理可能性的标准，即原告所提供的证据应能够合理地支持其主张的可能性，而不要求绝对的确定性。此外，一些法律条款和法律推定也被用来在特定情况下推定某些事实的存在或某些行为的责任。通过这样的制度设计，法律能够在一定程度上应对个体行为的不确定性，使得案件中涉及的事实能够在合理的范围内被查明。同时，也确保了举证责任的分配公平合理，减轻了当事人的举证负担。

大数法则原则在一定程度上可以帮助评价法律规范的合理性。根据大数法则的原理，通过观察和分析大量的数据和行为，可以得出一些普遍性的规律和趋势。这些规律和趋势可以用来评估法律规范是否符合实际情况和社会需求。当法律规范与大数法则所揭示的普遍行为趋势相符时，可以认为该规范具有合理性和科学性。例如，如果某项法律规定与大多数人的行为习惯和社会期望相一致，并且能够有效地维护社会秩序和公共利益，那么可以说这个规范是合理的。"大数法则就是通过平均人的行为和多数人的行为所表现出来的持续性状态或稳定性倾向的规则性集合系统。"〔1〕法律规则的制定和执行借鉴了大数法则的原理，旨在维护社会的秩序和稳定。大数法则的实用性使得法律规则能够在多数情况下自动生效，减少执法成本，并确保社会秩序的连续性和稳定性。"刑法须以绝大多数民众的善恶共识——伦理——作为自己的立场。"〔2〕另一方面，如果某项法律规范与大数法则所揭示的普遍行为趋势相悖或者无法满足实际情况的需要，就可能存在合理性上的问题。这时，需要重新评估该规范的必要性、适用性和公正性，以确保法律规范能够更好地反映社会的实际状况和公众的共同利益。

大数法则本身并不涉及道德善恶的判断，它主要描述了人类群体行为中的趋同性现象。这种趋同性使得人们更容易受到社会环境和他人行为的影响，倾向于模仿和追求与他人的一致性。然而，要将大数法则作为分配存疑利益的原则，还需要考虑大数法则的道德性和合理性。此处的道德性和合理性意味着，法律、决策或行为应当符合常理、合乎情理、符合道德，并且不与公众意识相冲突。它强调在制定规则、行使权力或进行决策时，应当遵循合理、公正、透明和可理解的原则。行为或规则的合理性应

〔1〕周安平：《许霆案的民意：按照大数法则的分析》，载《中外法学》2009年第1期。
〔2〕张武举：《刑法的伦理基础》，法律出版社2008年版，第231页。

当符合常识、道德准则和公众的一般理解，不违背常人的正常认知和判断。合理性原则要求行为或规则不与公众直觉相冲突，不引起明显的不合理或不公平的感觉，符合一般人的期望和认同。

作为分配存疑利益原则的大数法则，必须具备合理性和道德性。合理性指的是该原则应该在逻辑上合理且能够被理解和接受。它应该建立在可靠的数据和可靠的推理基础上，以确保其在实践中的有效性和可行性。另一方面，道德性意味着该原则必须与道德价值观和伦理原则相符合。它应该符合公正、平等和社会利益等道德准则，以确保在利益分配过程中的公正性和正义性。这意味着大数法则原则应该尊重个体的权利和尊严，并考虑到不同群体的特殊需求和利益。

因此，只有具备合理性和道德性的大数法则才能成为分配存疑利益的原则。只有这样的原则才能够平衡群体行为的趋同性和个体权益的保护，确保分配决策的公正性和道德性。

三、社会效果原则

社会效果原则是指在存疑利益分配过程中，应该考虑到对整个社会的利益和效果，而不仅仅关注个体或少数群体的利益。它强调社会整体的福祉、公平、稳定和可持续发展，以达到最大化社会效益的目标。

明代地方官员海瑞，关于疑案的司法裁判的规则就体现了社会效果原则，具体规则如下：

“两造具备，五听三讯，狱情亦非难明也。然民伪日滋，厚貌深情，其变千状，昭明者十之六七，两可难决亦十而二三也。二三之难不能两舍，将若之何？窃谓凡讼之可疑者，与其屈兄，宁屈其弟；与其屈叔伯，宁屈其侄；与其屈贫民，宁屈富民；与其屈愚直，宁屈刁顽。事在争产业，与其屈小民，宁屈乡宦，以救弊也。（乡宦计夺小民田产债轴，假契侵界威逼，无所不为。为富不仁，比比有之。故曰救弊。）事在争言貌，与其屈乡宦，宁屈小民，以存体也。（乡宦小民有贵贱之别，故曰存体。弱乡宦擅作威福，打缚小民，又不可以存体论。）"[1]

苏力教授为海瑞的裁判规则抽象出两条基本原则，即"在经济资产的两可案件中，无法明晰的产权应配置给经济资产缺乏的人；以及文化资产的两可案件中，无法明晰的产权应配置给文化资产丰裕的人"。[2]当时的中国处于农业社会背景中，遵守差序格局礼教规则。对于处理存疑案件如此的裁判规则，苏力教授评价道："对海瑞思想的系统梳理表明，海瑞是一位清醒且务实、关注制度的经济后果的法律家和法律思想家。海瑞的政治生涯也许是失败的，但本书表明海瑞不但追求过和实践过对私人产权的司法保护，而且追求的是有系统效率的保护，不但保护经济资产，而且保护文化资产；他的思想是融贯的，始终如一的，其中的理论意蕴至今仍然具有普遍的实践意义。从世界范围来看，他也许是最早的，尽管未必是自觉的，从制度视角系统考察司法并得出深刻理论概括的伟大的法律经济学先驱之一。"[3]

---

〔1〕 陈义钟编校：《海瑞集》（上册），中华书局1962年版，第117页。

〔2〕 苏力：《"海瑞定理"的经济学解读》，载《中国社会科学》2006年第6期。

〔3〕 苏力：《"海瑞定理"的经济学解读》，载《中国社会科学》2006年第6期。

在现代社会中，理解社会效果原则可以从以下几个方面来思考：（1）综合性利益：考虑各方利益的平衡和整合，避免过度偏袒某个特定群体或个人利益，而是追求整体效益的最大化。（2）长期影响：关注决策和规则对社会长期发展的影响，避免只追求眼前的短期利益，而忽视了长期的可持续性和稳定性。（3）公平正义：确保决策和规则的制定过程公正透明，并以公平为基础，尊重权利和平等原则，避免不当歧视和偏见。（4）社会效益评估：在制定政策或决策时，进行全面的社会效益评估，包括经济、社会和环境等方面的影响，以明确决策的影响范围和可能的后果。（5）平衡利益：在利益冲突时，寻求合理的平衡，以最大限度地满足不同群体的合理需求，避免过度偏向某一方面而导致不公平或不稳定的局面。通过遵循社会效果原则，决策者可以更全面地考虑社会的整体利益和发展方向，促进社会的公平、稳定和可持续发展。这种原则有助于制定更符合社会期望和需要的政策和规则，从而提高社会的整体福祉和公共利益。

对于社会效果原则的分析，我们可以从学者们广泛讨论的三个案例来分析：

【案例1】魏某在银行取款后准备将现金存入另一家银行，但第二家银行工作人员发现其中有一张假钞。魏某随即返回第一家银行要求以假钞换真钞，但银行拒绝了她的要求。魏某不满此事，于是将银行告上法庭，但法院最终判决她败诉。〔1〕

【案例2】交警在执勤过程中认定黄某驾驶机动车辆“闯红灯”，对其

〔1〕 参见张维迎：《信息、信任与法律》，生活·读书·新知三联书店2003年版，第28～29页。

当场罚款5元。黄某提起行政诉讼。被告在诉讼中提交了唯一的证据，即执勤交警的书面陈述，称交警亲眼目睹了原告违反交通规则的行为。而原告黄某坚持自己没有“闯红灯”。最终，法院接受了被告的证据，并判决维持对被告的处罚决定。〔1〕

【案例3】刘某在等公交车时，彭某第一个从公交车后门下车，与刘某发生碰撞，刘某摔倒受伤，后向法院起诉彭某，要求彭某赔偿。一审判决彭某承担40%的责任，二审双方调解结案，调解结果未公开。〔2〕

无论科学技术的发展如何，总有一些案件的事实是无法查明的。这可能由于证据缺失、时间的推移、记忆的不准确性、主观因素的影响等原因造成。在此情形下，法官仍然不能拒绝裁判，此时，考量社会效果原则，也许不是最好，但也是个不那么坏的选择。

如果我们在事实无法查明的前提下，采用大数法则原则，对这两个案件还是无从判断。到底是由于银行工作失误混入了一张假钞，还是魏某自行将一张假钞放入，从概率的角度无从判断哪一种的概率更大。对于黄某是否有闯红灯，黄某和交警各执一词，以当时的技术水平，也没有其他方法可以辅助判断。然而，在案例1中法官选择了相信银行，在案例2中法官选择了相信交警。

我们可以从社会效果的角度，来分析这两个判决结果。如果法院判决银行和交警胜诉，会有什么社会效果：银行会故意在储户的取款中掺入假钞吗？交警会因此受到“鼓励”，一直让没有闯红灯的人交罚款吗？这两

〔1〕 参见何海波：《举证责任分配：一个价值衡量的方法》，载《中外法学》2003年第2期。

〔2〕 参见曹志勋：《经验法则适用的两类模式——自对彭宇案判决说理的反思再出发》，载《法学家》2019年第5期。

个问题的答案大概率是否定的。如果法院判决魏某和黄某胜诉，会有什么社会效果：会有人受魏某“启发”，自己在银行取款中塞假钞吗？会有人仿照黄某的行为，对于闯红灯的处罚不断提起行政诉讼吗？对于这两个问题的答案，估计大概率是肯定的。法官的角色具有保守性，“法官必须维护社会价值和社会秩序的连续性，防止社会秩序和公众情感在社会动荡中受到伤害”。[1]在案件事实无法查明的前提下，根据社会效果原则进行判决，将存疑利益分配给社会公众，这也是一条应当遵循的原则。

接下来，我们看案例3。该案的结果由于双方当事人并未对外公布，公众无从得知。但该案的一审判决书引起了大众的广泛讨论。该案一审判决书的论证过程是这样的：“本院认为，……从常理分析，其与原告相撞的可能性较大。如果被告是见义勇为做好事，更符合实际的做法应是抓住撞倒原告的人，而不仅仅是好心相扶；如果被告是做好事，根据社会情理，在原告的家人到达后，其完全可以在言明事实经过并让原告的家人将原告送往医院，然后自行离开，但被告未作此等选择，其行为显然与情理相悖。……根据日常生活经验，原、被告素不认识，一般不会贸然借款，即便如被告所称为借款，在有承担事故责任之虞时，也应请公交站台上无利害关系的其他人证明，或者向原告亲属说明情况后索取借条（或说明）等书面材料。但是被告在本案中并未存在上述情况，而且在原告家属陪同前往医院的情况下，由其借款给原告的可能性不大；而如果撞伤他人，则最符合情理的做法是先行垫付款项。被告证人证明原、被告双方到派出所处理本次事故，从该事实也可以推定出原告当时即以为是被被告撞倒而非

〔1〕 周安平：《流浪者的权利与国家权力》，载《河北法学》2008年第1期。

被他人撞倒，在此情况下被告予以借款更不可能。综合以上事实及分析，可以认定该款并非借款，而应为赔偿款。”〔1〕

最高人民法院民一庭负责人曾就彭某案回答记者提问时表示，根据一审的证据，可以确认彭某与原告发生了碰撞。一审判决在对证据的评价和事实认定上没有错误，审理结果也是适当的。然而，该案引起争议的一个重要原因，是一审判决没有正确理解和运用日常生活经验推理。“运用日常生活经验进行推理、作出判断，一是一定要结合既有证据全面综合考量，二是在裁判过程中要注意与社会的善良风俗结合起来。”〔2〕该负责人强调，判决书不仅仅是为了解决具体的案件纠纷，还承载着向社会传递良好价值观的责任和使命。判决书的内容和裁决应当符合社会的价值观，反映公平与正义。法院判决应当为社会提供法律导向，塑造和维护良好的法治秩序。此外，法院判决还应当对违法行为进行警示和教育，以促进公民遵纪守法、维护社会稳定和公共利益的意识。

社会的善良风俗是社会成员应当共同遵守的。共同遵守约定的风俗惯例不仅对群体的稳定与聚合至关重要〔3〕，还对社会的正常运行和发展起着重要作用。当社会成员共同遵守约定的风俗惯例时，可以形成一种共同的行为准则和规范，促进社会秩序的形成和维护。这种风俗惯例的遵守可以增强社会成员之间的互信和合作，减少冲突和矛盾的发生，为社会提供稳定的环境。此外，共同遵守约定的风俗惯例还可以增强社会的聚合和凝

〔1〕（2007）鼓民一初字第212号民事判决书。

〔2〕参见靳昊：《“胜得茫然、输得糊涂”，裁判文书如何以理服人》，载《光明日报》2018年7月15日，第7版。

〔3〕参见［美］麦特·里德雷：《美德的起源——人类本能与协作的进化》，刘珩译，中央编译出版社2004年版，第195页。

聚力。当社会成员共同遵循相似的价值观和行为规范时，他们在意识形态、文化认同和社会认同等方面会更加一致，形成更紧密的社会联系和身份认同。这种共同遵守的风俗惯例不仅有助于形成社会共识和凝聚力，也能够促进社会的发展和进步。

"人们往往共享许多标准，并彼此希望坚持它们，如果他们这么做了，他们所在的社会将是有序的。"〔1〕有序的社会是建立在共同认同的价值观、道德准则和行为规范之上的社会。当人们相互尊重、遵守这些共享的标准时，社会就能够实现有序、和谐和稳定。"社会成员平均具有的信仰和感情的总和，构成了他们自身明确的生活体系，我们可以称之为集体意识和共同意识。"〔2〕共享标准的遵守使得社会成员能够更好地协同合作和相互交往。它为人们提供了一个共同的基础，使得他们能够预测和理解彼此的行为，建立信任和互助的关系。共享标准还有助于解决冲突和纠纷，因为人们能够借助这些共同的准则来进行沟通、协商和解决问题。此外，有序的社会还能够提供公平和公正的环境，确保每个人都能享有基本权利和公平机会。共享的标准可以指导法律和法规的制定与执行，保障社会成员的权益，并为社会的正常运转提供框架和规则。

总之，在事实真伪不明的前提下，如果个案正义无法达成，通过遵循社会效果原则，把存疑利益分配给社会，不失为一个不那么坏的选择。

---

〔1〕［美］C. 赖特·米尔斯：《社会学的想象力》，陈强、张永强译，生活·读书·新知三联书店2005年版，第28页。

〔2〕［法］埃米尔·涂尔干：《社会分工论》，渠东译，生活·读书·新知三联书店2000年版，第42页。

四、证明责任原则

在现代社会中，科学观念取代了早期文明的神示裁判，法律面前人人平等的观念取代了传统的伦理教条、差序格局。对于存疑利益，现代人没有办法如同“海瑞定理”一般，求助于身份、辈分、地位、年龄等这些实体差异来作为标记分配的特征因素。现代法律制度需要寻找新的方法和途径来应对存疑利益。证明责任原则，通过规避实体问题，代之以程序性视角来审视存疑利益。

证明责任原则，作为分配存疑利益的一种程序性原则，指的是由主张权利的一方承担证明其主张的责任，如果当事人无法提供足够的证据来支持其主张，法律可能会判定对存疑利益不予认可或保护。

传统诉讼模式之下的证明责任差别非常大。对抗制诉讼模式（Adversarial System）和纠问制诉讼模式（Inquisitorial System）是两种常见的传统法律诉讼模式。纠问制诉讼模式是指在诉讼过程中，法官起主导作用，主动调查和收集案件相关的事实和证据的诉讼模式。纠问制诉讼模式的核心在于法官承担案件的主要证明责任，其制度设计围绕法官的举证义务展开。在该模式下，法官不仅主导诉讼程序，更需主动履行事实查明的全程职责。从依职权传唤证人、强制调取证据，到通过系统性质询构建证据链，法官必须独立完成对案件事实的认定与法律适用的推导。当事人虽需配合提供基础证据，但证明标准的达成、证据效力的裁量以及真伪不明的风险均系于法官之身，这种权责高度集中的机制使法官实质上成为事实调查与法律判断的双重责任主体，其裁决既建立在对询问记录、书面证据等材料的综合心证之上，也承受着因证据瑕疵或事实存疑而引发的裁判压力。在这种模式下，法官承担主要的证明责任，几乎鲜有国家采用此种诉讼模式。

大多数现代国家的诉讼模式为对抗制诉讼模式，或以对抗制模式为基础的模式。对抗制模式是指诉讼中的双方，即原告和被告，各自主动地提出自己的观点、证据和法律依据，并通过辩论和对抗的方式来争取自己的权益。对抗制诉讼模式强调双方当事人的平等地位。每个当事人都有权利提出自己的观点、证据和法律依据，以维护自己的权益。这种平等原则符合现代社会对公正和平等的价值观。对抗制诉讼模式通过允许双方当事人自由辩论和交叉询问来揭示真相。双方的争论和对抗有助于法官或其他事实的审理者了解案件的各个方面，从而做出准确和公正的裁决。对抗制诉讼模式注重口头辩论，双方当事人有机会直接表达自己的观点和意见。这有助于确保案件的公开透明，同时也提供了当事人直接参与案件处理的机会。对抗制诉讼模式赋予了当事人较大的自主权利，他们可以自行决定提供哪些证据、选择何种策略和采取何种辩护手段。在对抗制诉讼模式下，法官的角色是中立的第三方，他们负责听取双方的辩论和证据，并基于法律规则和证据来做出裁决。这种模式下证明责任在双方当事人——“谁主张，谁举证”。这种自主权利使得当事人能够更好地捍卫自己的权益，同时，也使得当事人需要自行承担事实真伪不明的压力。

证据法通过“举证责任”和“证明标准”来确定法律事实。承担举证责任的一方应当提供证据证明案件事实，其提供的证据应当达到证明标准。如果达到证明标准，承担举证责任的一方将胜诉；如果承担举证责任的一方，无法提供证据或者提供的证据达不到证明标准，那么对方将胜诉。举证责任的分配规则和证明标准是事先设置好的，举证责任的承担者事前只承担“败诉风险”。只有到判决作出时，争议事实依旧真伪不明，承担举证责任的一方“败诉风险”才会变成“败诉结果”。规则是预先设立的，只要没有反对预设的规则，那么执行产生的结果也必须接受。这就如同罗尔斯所说的纯粹的程序正义，“在纯粹程序正义中，不存在对正当结果的独立标准，而是存在一种正确的或公平的程序，这种程序若被人们恰当地遵守，其结果也会是正确的或公平的，无论它们可能会是一些什么样的结果”〔1〕。这种“对事不对人”的风险分配方案，在“法律面前人人平等”观念的支配下，在法律案件事实真伪不明的前提下，不失为对“程序正义”的契合。“预设的规则也成为法官的挡箭牌。法官隐身于规则之后，其自由意志也消融于规则之中，败诉的一方没有理由迁怒法官，因为司法制度和司法意识形态均要求法官必须对规则保持忠诚。”〔2〕

在我国三大诉讼中，举证责任的承担及证明标准如下列两张表所示：

表 3-2　举证责任

诉讼类型	法律条文	举证责任承担者
民事诉讼	当事人对自己提出的主张，有责任提供证据。〔3〕	主张者

〔1〕［美］约翰·罗尔斯：《正义论》，何怀宏、何包钢、廖申白译，中国社会科学出版社2009年版，第67页。

〔2〕桑本谦：《疑案判决的经济学原则分析》，载《中国社会科学》2008年第4期。

〔3〕《民事诉讼法》第67条第1款。

续表

诉讼类型	法律条文	举证责任承担者
行政诉讼	被告对作出的行政行为负有举证责任，应当提供作出该行政行为的证据和所依据的规范性文件。 被告不提供或者无正当理由逾期提供证据，视为没有相应证据。但是，被诉行政行为涉及第三人合法权益，第三人提供证据的除外。[1]	被告[2]
刑事诉讼	公诉案件中被告人有罪的举证责任由人民检察院承担，自诉案件中被告人有罪的举证责任由自诉人承担。[3]	人民检察院 自诉人

民事诉讼的举证责任，是平等主体互相举证，采用的是责任自负原则，由主张者承担。此外，我国法律中还规定了一些举证责任倒置的情形，例如，无民事行为能力人在幼儿园、学校或者其他教育机构学习、生活期间受到人身损害的，幼儿园、学校或者其他教育机构对其已经尽到教育、管理职责承担举证责任；因产品存在缺陷造成他人损害的，由生产者举证证明产品不存在缺陷，以及对缺陷与损害之间存在因果关系承担举证责任；因新产品制造方法发明专利引起的专利侵权诉讼，由制造同样产品的单位或者个人对其产品制造方法不同于专利方法承担举证责任；建筑物、构筑物或者其他设施及其搁置物、悬挂物发生脱落、坠落造成他人损害的，由所有人、管理人或者使用人就自己不存在过错承担举证责任；从建筑物中抛掷物品或者从建筑物上坠落的物品造成他人损害，且经调查难以确定具体侵权人的，由可能加害的建筑物使用人就自己不是侵权人承担

[1] 《行政诉讼法》第34条。

[2] 《行政诉讼法》第37、38条，规定了一些必要情形下原告的举证责任，但并不违背行政诉讼中被告承担举证责任的原则。

[3] 《刑事诉讼法》第51条。

举证责任；堆放物倒塌、滚落或者滑落造成他人损害的，由堆放人就自己没有过错承担举证责任；在公共道路上堆放、倾倒、遗撒妨碍通行的物品造成他人损害的，由公共道路管理人就已经尽到清理、防护、警示等义务承担举证责任；饲养动物致人损害的侵权诉讼，由动物饲养人或者管理人就受害人存在故意或者重大过失承担举证责任；因林木折断、倾倒或者果实坠落等造成他人损害的，由林木的所有人或者管理人就自己没有过错承担举证责任；等等。行政诉讼和刑事诉讼的举证责任，是非平等主体间举证，均由国家/政府一方来承担。

表 3-3　证明标准

诉讼类型	法律条文	证明标准
民事诉讼〔1〕	第 108 条 对负有举证证明责任的当事人提供的证据，人民法院经审查并结合相关事实，确信待证事实的存在具有高度可能性的，应当认定该事实存在。 对一方当事人为反驳负有举证证明责任的当事人所主张事实而提供的证据，人民法院经审查并结合相关事实，认为待证事实真伪不明的，应当认定该事实不存在。 法律对于待证事实所应达到的证明标准另有规定的，从其规定。 第 109 条 当事人对欺诈、胁迫、恶意串通事实的证明，以及对口头遗嘱或者赠与事实的证明，人民法院确信该待证事实存在的可能性能够排除合理怀疑的，应当认定该事实存在。	高度可能性 真伪不明 排除合理怀疑
行政诉讼	/	无规定

〔1〕《民事诉讼法》中没有明确规定证明标准，《最高人民法院关于适用〈中华人民共和国民事诉讼法〉的解释》第 108 条、109 条规定了民事案件的证明标准

续表

诉讼类型	法律条文	证明标准
刑事诉讼〔1〕	第 162 条第 1 款 公安机关侦查终结的案件，应当做到犯罪事实清楚，证据确实、充分，并且写出起诉意见书，连同案卷材料、证据一并移送同级人民检察院审查决定；同时将案件移送情况告知犯罪嫌疑人及其辩护律师。 第 176 条第 1 款 人民检察院认为犯罪嫌疑人的犯罪事实已经查清，证据确实、充分，依法应当追究刑事责任的，应当作出起诉决定，按照审判管辖的规定，向人民法院提起公诉，并将案卷材料、证据移送人民法院。 第 200 条 在被告人最后陈述后，审判长宣布休庭，合议庭进行评议，根据已经查明的事实、证据和有关的法律规定，分别作出以下判决： （1）案件事实清楚，证据确实、充分，依据法律认定被告人有罪的，应当作出有罪判决； （2）依据法律认定被告人无罪的，应当作出无罪判决； （3）证据不足，不能认定被告人有罪的，应当作出证据不足、指控的犯罪不能成立的无罪判决。	事实清楚 证据确实充分

从“高度可能性”“真伪不明”“排除合理怀疑”这些语词中，人们几乎无法判断法律事实的证明标准究竟为何，甚至“事实清楚，证据确实、充分”也没有清晰表述什么叫作事实清楚，什么又叫作证据确实充分。这些标准虽然称之为标准，但似乎非常抽象，与日常生活中可以据以判断的标准差异很大。为了更直观地把握“事实清楚，证据确实、充分”“真伪不明”“高度可能性”和“排除合理怀疑”这四个抽象的标准，我们以概率的形式加以表示。如果对一件已经发生的事情完全无法证明以“0”来表示，对这件事可以完全还原以“100%”来表示，我们可以画出

〔1〕《刑事诉讼法》对刑事案件的证明标准规定在第 162 条第 1 款、第 176 条第 1 款及第 200 条。

如下图的线段。其中50%的这个点A可以看作是“真伪不明”，因为在这个点上，“真”“伪”概率均为50%。概率最高的应该是“事实清楚，证据确实、充分”这一标准，在最靠近100%这个方向，应该为D点。“高度可能性”和“排除合理怀疑”这两个标准应该均高于A点的“真伪不明”，又都低于D点的“事实清楚，证据确实、充分”。在这二者中，“排除合理怀疑”的证明要求应该高于“高度可能性”，是排除了所有合理怀疑的可能性，因此B点为“高度可能性”，C点为“排除合理怀疑”。需要补充说明的是，图中所示A点、B点、C点、D点只是为了通过它们之间的位置关系表明四个抽象标准大致的程度，其位置刻度并不代表具体的概率数值。

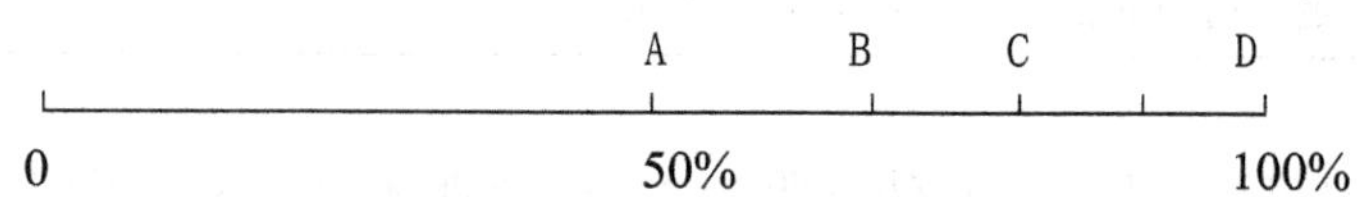

图3-1　证明标准的程度

由上图可以看出，从法律事实证明的程度来看，证明标准的排序应该是：“真伪不明”<“高度可能性”<“排除合理怀疑”<“事实清楚，证据确实、充分”。虽然我们可以对证明标准有所界分，但界分绝不足以达到可以清晰界定法律案件事实是存疑还是清楚的程度。但是，法官可以通过自由裁量，在个案中对这些证明标准予以确认。

在司法实践中，法官们的“目光在事实和法律规范间‘来回穿梭’”〔1〕

〔1〕［德］伯恩·魏德士：《法理学》，丁小春、吴越译，法律出版社2003年版，第296页。

，以认定事实、选择合适的法律规范。在事实认定中，确定证明标准是非常重要的环节。笔者通过对威科先行案例数据库中收录的 2019 年至 2022 年的裁判文书进行关键字检索，发现在法官的裁判理由中，“证据确实、充分”“优势证据”“高度盖然性”“高度可能性”“排除合理怀疑”“真伪不明”“自由心证”等常常被拿来用做证明标准。

表 3-4　法官在裁判理由中的“证明标准”用词

证明标准	2019		2020		2021		2022	
	民事	刑事	民事	刑事	民事	刑事	民事	刑事
证据确实、充分	38120	88551	28495	63709	23467	27407	12672	4230
优势证据	3100	4	2214	4	1545	1	842	0
真伪不明	6005	5	6037	10	5088	5	2893	1
高度盖然性	15043	11	17379	7	14667	3	9482	0
高度可能性	15174	3	16203	7	13450	0	7607	0
排除合理怀疑	1509	765	1774	580	1367	221	725	27
自由心证	52	1	48	0	39	0	11	0

诚然，证明标准在某种程度上是抽象的，因为它们是法律制度为了处理不同案件中的证据问题而设定的一般准则。在司法实践中，确实存在一些困难和挑战，使得证明标准的应用可能变得复杂和主观。不同法官对于证明标准的理解存在差异，不同的司法体系可能会根据其法律传统、法律文化和判例法的发展，对证明标准有不同的要求。证明标准的抽象性可能使证据的评估容易受到主观因素的影响。不同的人可能根据自己的经验、偏见和价值观对证据做出不同的判断，从而影响最终的裁决结果。证明标

准的抽象性还可能导致当事人在准备和呈现证据时存在困难。当事人可能很难确定需要提供多少证据才能满足特定的证明标准。但是，为了克服这些问题，司法系统通常会依赖于法官的指导和司法解释，以尽可能减少对证明标准的主观解释。同时，法官和法律专业人士在司法实践中也需要努力确保证据的评估和证明标准的应用是公正、合理和一致的。尽管存在一些挑战，但证明标准在司法实践中仍然起着重要的作用。它们是确保司法决策基于可靠和适当的证据的关键工具，有助于维护司法的公正性和可信度。

简言之，在法律实践中，当存疑利益无法通过实体性原则来分配时，可以通过程序性原则来分配。对当事人而言，若自己没能获得存疑利益，是由于自己证明责任没有完成导致的；法官则“隐身”于规则之后，只对法律本身负责。这种运转机制符合现代法律的精神。

法律原则在法律体系中具有多重功能。第一，法律原则为法律规则和概念提供了基础或起点。它们是法律体系中的基本准则，用于指导和解释法律的制定和适用。法律原则的存在确保了法律的一致性和逻辑性。第二，法律原则在处理疑难案件时被用作断案的依据。当法律规则无法明确适用于某个具体案件时，法官和法律解释者可以依据法律原则来解决争议，确定适用的法律规则或原则。第三，法律原则可以直接作为审判的依据。在审判过程中，法官可以根据相关的法律原则来解释和适用法律规则，判断案件事实和证据的合法性，并作出判决或裁决。[1]法律的主要作用之一就是调整及调和种种相互冲突的利益，这在某种程度上必须通过颁

〔1〕 参见周永坤：《法理学——全球视野》，法律出版社2000年版，第209页。

布一些评价各种利益重要性的和提供调整这种种利益冲突标准的一般性规则方能实现。[1]因此，本章着重探讨法律分配存疑利益应当遵循的原则，以期为解决利益冲突和争议提供一定的指导和思路。

弱者保护原则、大数法则原则、社会效果原则以及证明责任原则，这四个原则的适用是否存在先后顺序呢？应该说并没有。威廉斯（Bernard Williams）曾说，价值冲突根本上是一种在人类价值中必然涉及的东西，在需要克服冲突的地方，这个“需要”并不具有一个纯逻辑的特征，也不是纯粹和理性的一个要求，而是一种社会需要或个人需要。[2]因此，在不同的价值理想之间，并不存在一般性的优先次序，只能在个案中进行比较和权衡。[3]这些原则在各自的作用范围内发挥不同但相互补充的功能，一起应用时可能会形成一种协同效应，使整体效果大于各个原则单独应用时的效果之和。这种互相补充和协同的关系有助于形成更复杂和全面的存疑利益解决方案。

---

〔1〕参见［美］E·博登海默：《法理学：法律哲学与法律方法》，邓正来译，中国政法大学出版社2004年版，第414页。

〔2〕［英］伯纳德·威廉斯：《道德运气》，徐向东译，上海译文出版社2007年版，第103页。

〔3〕陈坤：《论法律解释目标的逐案决定》，载《中国法学》2022年第5期。

第四章

推定对于存疑利益的初次分配

法律对于存疑利益的分配，从环节上看，可以分为初次分配和再次分配两个环节。初次分配的主要方法是“推定”和“拟制”，而再次分配的方式则留给法律适用中的“自由裁量”。本章和第五章将讨论作为初次分配方法的“推定”和“拟制”，第六章将讨论作为再次分配方法的“自由裁量”。

在分析“推定”对于存疑利益的分配之前，我们需要对“推定”这一概念加以厘清。“推定”是法学领域里的高频词汇，不同的学者认可的内涵和外延差异巨大。麦考密克（MacComik）曾指出：“在法律学术家族中，除了证明责任之外，推定是最难对付的一个棘手问题。”〔1〕罗森贝克（Rosenberg）也曾提到：“没有哪个学说像推定学说这样，用语不规范，概念混乱。可以肯定地说，迄今为止人们还不能成功地阐明推定的概念。”〔2〕

〔1〕［美］约翰·W·斯特龙主编：《麦考密克论证据》，汤维建等译，中国政法大学出版社2004年版，第600页。

〔2〕［德］莱奥·罗森贝克：《证明责任论》，庄敬华译，中国法制出版社2018年版，第240页。

将推定划分为法律推定和事实推定是最常见的。江伟教授认为："所谓法律上的推定，就是通过法律明文确立下来的推定"；"所谓事实上的推定……是指法律规定法院有权依据已知事实，根据经验法则，进行逻辑上的演绎，从而得出待证事实存否真伪的结论。"〔1〕我国司法解释中〔2〕有这样的表述："下列事实，当事人无须举证证明：……（3）根据法律规定推定的事实；（4）根据已知的事实和日常生活经验法则推定出的另一事实……"这个条文似乎可以理解为："根据法律规定推定的事实"即为法律推定，"根据已知的事实和日常生活经验法则推定出的另一事实"即为事实推定。"在美国法中，最基本的划分是法律推定和事实推定。法律推定是一种法律规则，根据这一规则，一个基础事实的认定就导致一个可以反驳的推定事实的成立。事实推定仅是一种论点，是一种可以从一个基础事实的成立得出的推论。"〔3〕

笔者认为事实推定和法律推定很难界分，因为有相当数量的法律推定实际上也是根据日常生活经验法则推定出来的，只不过因其具有共通性，已经被法律固定下来了。也就是说，法律推定包含了事实推定和其他推定。在此基础上，让法律推定和事实推定并列，逻辑上不够周延。也有一些学者质疑法律推定和事实推定这一分类。龙宗智教授反对使用"事实推定"，他反对的理由有两点：第一，混淆了推定机制和证明机制的界限；第二，可能与国家法制原则发生冲突。〔4〕陈一云教授也不赞同使用"事实

〔1〕 江伟主编：《证据法学》，法律出版社1999年版，第130、138页。

〔2〕《最高人民法院关于适用〈中华人民共和国民事诉讼法〉的解释》第93条第1款。

〔3〕 何家弘：《司法证明方法与推定规则》，法律出版社2018年版，第209页。

〔4〕 参见龙宗智：《推定的界限及适用》，载《法学研究》2008年第1期。

推定”的说法，认为所有推定都是法律推定。[1]

本书为了便于探讨“推定”对于存疑利益的分配，拟将“推定”按照推定的对象为标准，将其划分为“事实推定”和“权利推定”，前者的推定对象为未知事实或者待证事实，后者的推定对象为默示权利以及新型权利。这种分类方式，国内外学者均有使用。[2]后文中提及的“法律推定”，含义与“推定”相同，仅为对“推定”一词法律属性的强调，属于“权利推定”和“事实推定”的上位概念。

一、存疑利益与推定

“推定”一词的法律含义和日常生活含义，存在一定的差别。在《现代汉语规范词典》中，推定的含义为“推举确定”和“经推测而认定”；而在法律场景中，推定的含义为“推断认定”和“预先假设”。例如，刑事诉讼中“无罪推定”原则的“推定”，就应当理解为“预先假设”，即预先假定犯罪嫌疑人无罪，这意味着在刑事审判中，被告人不必自证清白，而是国家机关有责任提供足够的证据来证明被告人的有罪。如果把“无罪推定”原则的“推定”，理解为“推断认定”，即推理断定犯罪嫌疑人无罪，显然不符合常理。这样的话，国家机关不是应该搜寻证据证明犯罪嫌疑人有罪，而是应该撤销案件，释放犯罪嫌疑人。后文中提及的“推定”，指代的是“推理断定”及“预先假设”当中的一种情况。

---

〔1〕 参见陈一云主编：《证据学》，中国人民大学出版社 2000 年版，第 180~181 页。

〔2〕 参见余文唐：《事实推定：概念重塑与界限甄辨》，载《法律适用》2023 年第 3 期；参见［德］汉斯·普维庭：《现代证明责任问题》，吴越译，法律出版社 2000 年版，第 74 页；参见［德］莱奥·罗森贝克：《证明责任论》，庄敬华译，中国法制出版社 2018 年版，第 240、271 页。

在法律制度中，推定是一种推断或假设的推理方法，用于在缺乏直接证据或明确规定的情况下，根据已知的事实或常规情况，推定另一个事实或权利的存在或内容。它是一种逻辑上的推理过程，用于确定法律事实或利益的合理范围。推定在法律中的作用是填补法律规定的不确定性，特别是在法律无法明确规定某个利益或事实的情况下。通过推定，法律可以根据常识、经验和一般情况，假设某个事实的存在或内容，以便在合理的范围内确定相关的权利、责任或法律后果。

推定根据实施推定的主体可以分为两种模式：立法推定和司法推定。立法推定是指立法机关在法律中明确规定的推定规则，司法推定则是由司法机关通过司法解释和建立判例等方式确定的推定规则[1]。立法推定的优点在于它更好地保障了规则的普适性和相对稳定性。由于社会状况的多样性，立法推定需要具备一定的抽象性和模糊性，无法为每种具体情况或案件制定详细规则。同时，由于社会的不断发展变化，立法推定需要保持相对稳定性，同时留有一定的容许发展和变化的空间。然而，由于立法推定也存在滞后性、空白或漏洞等局限性问题，在某些情况下可能无法有效适用或无法覆盖所有可能的情形，因而需要不断完善和补充。司法推定作为立法推定的补充，在司法解释的层面，对于法院系统审理案件具有一般性的指导意义；在具体个案中，具有灵活性的优势。司法机关通过司法解释和建立判例等方式，可以针对具体案件和特定情况确定推定规则，以平衡个案的特殊性和法律规则的相对稳定性。立法推定在保障普遍适用性和

〔1〕 根据我国《立法法》的相关规定，最高人民法院、最高人民检察院作出的属于审判、检察工作中具体应用法律的解释，应当主要针对具体的法律条文，并符合立法的目的、原则和原意。也就是说，法院有权就属于审判工作中具体应用的法律做出解释。

相对稳定性方面发挥作用，而司法推定在补充具体性和灵活性方面发挥作用。这种双重推定的结构有助于法律体系的完善并适应社会发展的变化。推定规则分布在不同部门法中，包括实体法和程序法，涵盖了适用于广泛情况的普遍规则，也包括适用于特定法律领域的规则，如合同法、婚姻家庭法、环境法、知识产权法、刑法等。因此，研究推定规则具有相当的难度，需要综合各个部门法学科的知识和研究方法。

对于利益分配而言，法律推定可以直接影响事实的认定、权利的归属和责任的分担。通过推定，法律可以将特定的权利或责任归属给某个当事人，而无需进一步证明。这种推定有助于平衡不对等的力量关系，保护弱势方的权益，并为社会中的特定利益提供保障。立法推定可能引发争议，因为它可能建立在一般化或概括的假设基础上，未考虑个体差异或具体情况的复杂性。此时，就需要司法推定去补证对当事人权益的不公平分配或误判，以确保公正和合理的利益分配。

二、事实推定对于存疑利益的分配

本部分和第三部分将从事实推定和权利推定两个方面讨论推定对于存疑利益的分配。事实和权利在法律制度中是紧密相关的。事实提供了权利行使的基础和证明，而权利的行使和保护则需要根据相关的事实进行适用和裁决。因此，事实推定和权利推定，作为两种不同的推定方式，对于存疑利益的分配至关重要。

众所周知，证据裁判主义是现代诉讼的基石。诉讼以事实为基础，而认定事实主要依靠证据。事实的认定和证明是法律推理的前提和基础。法律推理需要依据准确、可信的事实来进行逻辑推理和法律分析，如果事实存疑无法得到明确的认定或证实，将会影响法律推理的有效性和结果。在案件中存在存疑事实时，法官、律师和法律专业人士需要通过推理和分析来确定这些事实的真实性和法律意义。事实存疑的解决和认定将直接影响法律推理的结论和判断。然而，某些需要认定的事实却难以证明，如某些事实由于诉讼经济的考虑和公认的盖然性的存在而不必按常规予以证明，某些事实被当事人掩盖不愿提出证据加以证明。因此，法律在运行诉讼的证明机制的同时，也认可并推行了推定的机制。

事实推定，通常基于社会共识、常识或经验规律，可以通过逻辑推理等方式推定某些事实的存在，以弥补证据不足的缺陷。在证明过程中，事实推定可以简化证明程序，减轻当事人的证明负担。在存在存疑利益的情况下，事实推定可以简化对存疑利益的证明程序，提高证明效率，防止存疑利益被法官的主观判断所影响，保障当事人的合法权益，从而维护司法公正。

（一）事实要素推定对于存疑利益的分配

接下来，本书将采用主题分类的方法对法律推定中的事实要素与存疑利益的关系来进行分析。事实推定中的事实要素包括时间、过错、因果关系、结果等。

1. 时间推定对于存疑利益的分配

时间在法律领域中扮演着重要的角色，影响着法律程序、诉讼时限、法律行为的效力等方面。首先，法律中的许多权利和义务都受到时间限制。例如，诉讼时限规定了在特定时间内提起诉讼的要求，如果超过该时限，诉讼请求可能被法院驳回。此外，合同中的一些条款也可能约定了特定的时间限制，例如支付期限或履行义务的时间要求。其次，法律对某些行为或程序规定了时间限制。例如，举证期限、上诉期限、犯罪行为的时效等。这些法定期限对于维护司法系统的运作和确保公平至关重要。再次，在法律争议中，时间有可能成为关键的证据。例如，证人可以提供关于特定事件发生时间的证词，电子数据系统中的时间记录可以用于证明某些电子记录的真实性和时效性。时间在法律中具有重要作用，法律系统需要考量时间因素来确保公正和合理地运作。

在时间约定不明的情况下，以下是一些事实推定可以采用的方法：第一种是合理推定，如果当事人在合同或协议中没有约定明确的时限，法律可以根据情况进行合理的推定。例如，根据行业惯例或类似交易的通常做法来确定合理的期限。第二种是设置法定期限，在某些情况下，法律可以规定特定的法定期限，在当事人没有约定期限时，这些法定期限可以适用。第三种是设置可变期限，某些法律条款可能会包含弹性期限，即当事人可以在特定的时间范围内进行约定。如果当事人忘记具体的期限，他们可能仍然可以在弹性期限内行使相应的权利或履行义务。第四种是推定为不定期，如果根据使用场景，推定为不定期更有利于明确双方法律关系保护双方权利义务的，则可以推定为不定期。

我国法律对于某些情况下当事人忘记约定时限或者时间约定不明确的情况，规定了推定的方法，关于《民法典》中的列举见下表：

表 4-1　时间约定不明的推定

法条依据	法条内容	推定内容
《民法典》第 707 条	租赁期限 6 个月以上的，应当采用书面形式。当事人未采用书面形式，无法确定租赁期限的，视为不定期租赁。	租赁期限约定不明，推定为不定期租赁
《民法典》第 976 条第 1 款	合伙人对合伙期限没有约定或者约定不明确，依据本法第 510 条的规定仍不能确定的，视为不定期合伙。	合伙期限约定不明，推定为不定期合伙
《民法典》第 622 条第 1 款	当事人约定的检验期限过短，根据标的物的性质和交易习惯，买受人在检验期限内难以完成全面检验的，该期限仅视为买受人对标的物的外观瑕疵提出异议的期限。	检验期限约定过短的，推定为外观瑕疵异议期

无法确定租赁期限时，出租方可能面临难以收回租赁物或调整租金的困难，而承租方可能面临无法稳定使用租赁物或无法获得租赁期限保障的问题。此种情形根据法律推定为不定期租赁，意味着出租人和承租人可以随时解除承租合同，只需要提前在合理时间内通知对方即可，双方都具有更大的灵活性来解除合同。相较于"无法确定""不定期"，不定期租赁使得出租人和承租人适用的法律规则更加明确，可以帮助双方预测行为后果，并更好地了解各自的权利和义务。将租赁形式推定为不定期，租赁期限的不确定性被消除，双方对于租赁关系的权益和责任有了更明确的预判，存疑利益问题得到解决。合伙期限不明确推定为不定期合伙，也是类似的道理，让存疑利益问题得到解决。

如果当事人约定的检验期限过短，则不会被法律认可，该期限仅视为买受人对标的物的外观瑕疵提出异议的期限。这个规定可以被视为一种保护买受人利益的规定。当事人约定的过短检验期限可能导致买受人在有限的时间内难以全面检验标的物的质量和瑕疵。为了平衡双方当事人的利益，该规定将过短的检验期限视为仅用于买受人提出外观瑕疵异议的期限，而不影响其对于其他质量问题的主张权利。这样的规定有助于确保买受人在合理范围内有足够时间检查标的物的外观，发现外观瑕疵，并及时提出异议。它提供了一种对买受人有利的保护机制，防止买受人因为检验期限过短而丧失对标的物质量问题的主张权利。法律选择保护买受人，而不是出卖人，主要原因是信息不对称的存在。在许多交易中，卖方通常对标的物的信息更加了解，而买方则相对缺乏完整的信息。这种信息不对称可能导致买方在交易中处于弱势地位，容易受到不公平的对待或损失。保护买受人的利益可以部分弥补信息不对称所带来的劣势，使其能够更加自信地参与交易，并在发现问题或存在争议时能够合理地行使自己的权利。此外，保护买受人也有助于促进市场的健康发展和交易的顺利进行。如果买受人不得不承担过大的风险或受到不公平的对待，可能会削弱其对市场的信心，减少交易的数量和质量。因此，保护买受人的利益有助于维护市场的公平性和有效性。

2. 过错推定对于存疑利益的分配

过错是一个主观的概念，涉及对行为的评价和责任的归属。在现实生活中，人们对于何为过错存在不同的观点和标准。判断过错通常需要考虑多方面的因素，包括行为人的意图、知识水平、注意义务、合理预见能力等。然而，这些因素往往是主观的，并且对于每个具体情况可能存在不同的解释和解读。

在我国的法律规范中，对于过错推定有诸多规定，以下仅列举几例：

表 4-2　过错的推定

法条依据	法条内容	推定内容
《行政处罚法》第 33 条第 2 款	当事人有证据足以证明没有主观过错的，不予行政处罚。法律、行政法规另有规定的，从其规定。	免责条款
《食品安全法》第 136 条	食品经营者履行了本法规定的进货查验等义务，有充分证据证明其不知道所采购的食品不符合食品安全标准，并能如实说明其进货来源的，可以免予处罚，但应当依法没收其不符合食品安全标准的食品；造成人身、财产或者其他损害的，依法承担赔偿责任。	推定食品经营者明知食品不符合食安标准
《民法典》第 1222 条	患者在诊疗活动中受到损害，有下列情形之一的，推定医疗机构有过错： （1）违反法律、行政法规、规章以及其他有关诊疗规范的规定； （2）隐匿或者拒绝提供与纠纷有关的病历资料； （3）遗失、伪造、篡改或者违法销毁病历资料。	有具体事实则推定有过错

在行政处罚过程中，当事人如果能够提供足够的证据证明没有主观过错，可以免于受到行政处罚。行政处罚通常基于当事人的行为违反了相应的法律规定。给予当事人机会证明自己没有过错，体现了对个人权利的尊重及利益的保护。个人有权利自我保护和自我辩护，而不仅仅被动接受指控或处罚。这种权利的保护有助于平衡执法机关的权力和个人的权益，确保个人在法律程序中拥有公正的地位和平等的机会。

食品经营者履行了进货查验等义务，有充分证据证明其不知道所采购的食品不符合食品安全标准，并能如实说明其进货来源的，可以免予处罚。这个规定充分考虑了经营者可能面临的存疑利益。在食品安全方面，经营者作为销售环节的参与者，无法预见或知晓食品的安全问题，特别是针对由生产者引起的问题；经营者仅能依赖于生产者提供的信息和保证。若经营者在购买食品时尽到了合理的查验义务，却因为无法预见或知晓食品安全问题而受到处罚，将对其合法经营权益造成不合理的损害。因此，该规定通过明确条件免除处罚，平衡了存疑利益的保护和公共利益的需要。

由于医疗活动的专业性和复杂性，患者通常难以准确评估医疗机构在诊疗活动中是否存在过错。此种存疑状态，对于患者和医疗机构双方都不利。患者往往依赖医生的专业知识和经验来做出决策，同时也面临信息不对称的问题，难以全面了解医疗过程和诊疗质量。在这种情况下，如果对于医疗过错的情形能够予以明确，将有助于保护患者的权益。明确规定过错推定的情形可以提供一种准则，使患者能够更好地了解医疗机构应当提供的标准和质量，并能够判断是否存在过错。这有助于提高患者的知情权和自主权，使其能够更加理性地选择医疗机构和医生，以及在必要时追究医疗机构的责任。同时，明确过错推定的情形也对医疗机构有利。对于医疗机构而言，明确的过错推定可以为其提供一种明确的参照标准，使其能够更好地了解和遵守医疗质量和安全的要求。这有助于规范医疗行为、提高服务质量，并为医疗机构提供一种合理的防范机制，以减少因过错而可能面临的法律风险和纠纷。

3. 结果推定对于存疑利益的分配

在法律中，结果一般是指实际后果或影响。它涉及行为造成的具体结果或影响，无论是意外的、预料的、直接的还是间接的。结果可以包括物质损失、人身伤害、经济影响、法律责任等方面的后果。这些结果通常是在法律上具有重要意义，因为它们可以决定行为是否符合法律规定，是否构成违法行为或侵权行为，以及是否应承担相应的法律责任。

表 4–3　结果的推定

法条依据	法条内容	推定内容
《商标法》第 63 条第 1 款	侵犯商标专用权的赔偿数额，按照权利人因被侵权所受到的实际损失确定；实际损失难以确定的，可以按照侵权人因侵权所获得的利益确定；权利人的损失或者侵权人获得的利益难以确定的，参照该商标许可使用费的倍数合理确定。对恶意侵犯商标专用权，情节严重的，可以在按照上述方法确定数额的 1 倍以上 5 倍以下确定赔偿数额。赔偿数额应当包括权利人为制止侵权行为所支付的合理开支。	损失数额的推定
《行政处罚法》第 33 条第 1 款	违法行为轻微并及时改正，没有造成危害后果的，不予行政处罚。初次违法且危害后果轻微并及时改正的，可以不予行政处罚。	没有造成危害后果的，推定不予行政处罚
《刑法》第 23 条第 2 款	对于未遂犯，可以比照既遂犯从轻或者减轻处罚。	未遂推定为更轻的处理方式

商标权，作为知识产权的一种，不像其他有形产权那样具有可触及性和可见性。知识产权不是物理上可以分割和转移的实体，而是通过法律保护和授权来确立权利的范围和限制。

法律常常考虑行为的结果和后果，以评估其法律责任和适用的刑罚。如果一个行为没有造成实际的危害或伤害，尽管该行为可能在法律上构成违规，但法律可能会在处罚时采取更为宽容的态度。这意味着法律更加注重对实际的危害，而不仅仅关注行为本身的违法性。如果行为人可以证明某些特定的情况或因素导致了没有实际危害的结果，考虑到行为的结果对刑罚的适度性和公正性的影响，法律可能会相应地减轻处罚。在国家惩罚权的领域，结果是个非常重要的评价因素。在行政处罚法中，如果没有造成危害后果，推定不予行政处罚。在刑事犯罪中，若犯罪嫌疑人未遂，他会受到比行为既遂更轻的处罚，也就是说，运气的好坏，对于当事人的存疑利益会产生影响。

4. 因果关系推定对于存疑利益的分配

在社会科学领域，因果关系是一种基本的研究视角，并在法律中具有事实性归因和规范性规则的功能。法律因果关系涉及对违法行为的客观事实和引发的结果进行逻辑归纳演绎的连接。无论是必然事件还是偶然事件，都可以被视为原因，只是它们对产生结果的贡献程度可能不同，存在不同的等级和层次。在实际的法律实践中，法律因果关系通常表现为“多因一果”的形式。这意味着多种因素，包括经济、政治、文化、心理、伦理、环境等综合作用，共同导致特定的结果。

表 4-4 因果关系的推定

法条依据	法条内容	推定内容
《民法典》第 1230 条	因污染环境、破坏生态发生纠纷，行为人应当就法律规定的不承担责任或者减轻责任的情形及其行为与损害之间不存在因果关系承担举证责任。	推定因果关系的举证责任在行为人
《国家赔偿法》第 26 条第 2 款	被羁押人在羁押期间死亡或者丧失行为能力的，赔偿义务机关的行为与被羁押人的死亡或者丧失行为能力是否存在因果关系，赔偿义务机关应当提供证据。	推定因果关系的举证责任在赔偿义务机关
《刑法》第 26 条第 3 款	对组织、领导犯罪集团的首要分子，按照集团所犯的全部罪行处罚。	推定犯罪集团首要分子与集团所犯全部罪行存在因果关系

在环境污染和生态破坏纠纷的法律处理中存在一种特殊的法律原则，即行为人应当承担举证责任来证明其行为与损害之间不存在因果关系或符合法律规定的不承担责任或减轻责任的情形。这种举证责任分配具有以下几个方面的意义。一是强调环境保护原则：这种举证责任分配体现了环境保护的原则，即对于环境污染和生态破坏等损害，行为人应当承担起举证责任来证明其行为与损害之间不存在因果关系或符合法律规定的不承担责任或减轻责任的情形。这样的规定鼓励行为人对环境保护承担更多的责任，促使其采取预防措施和负担更多的证据来证明其行为对环境的影响是可控的，或在符合法律规定的情况下减轻其责任或免除责任。二是平衡责任分配：环境污染和生态破坏纠纷往往涉及多方利益的平衡和权衡。通过将举证责任分配给行为人来证明因果关系的缺失或符合法律规定的情形，可以平衡责任的分配，确保对环境的保护和受损利益的维护。这种分配可以鼓励行为人更加谨慎和负责地对待环境问题，并在纠纷处理中提供必要的证据支持。三是保护受损方利益：这种举证责任分配有助于保护环境受损方的合法权益。作为环境污染和生态破坏的受害者，受损方往往面临举证困难和信息不对称的情况。将举证责任分配给行为人可以减轻受损方的证明负担，使其更容易获得补偿和赔偿。

将被羁押人死亡或者丧失行为能力情况下的举证责任分配给赔偿义务机关，要求其提供证据证明其行为与被羁押人的不幸事件之间的因果关系，有助于保护被羁押人的权益，平衡责任分配，并促进赔偿机制的透明度和公正性。

通过将犯罪集团首要分子与全部罪行进行关联，法律规定可以避免他们逃避特定犯罪行为的责任。有时犯罪集团成员可能试图将责任转嫁给其他成员，或者否认对某些特定罪行的知情或参与。这样的规定可以防止他们逃避责任，确保其对集团的整体犯罪行为承担相应的法律后果，有助于打击犯罪集团的活动。首要分子通常在犯罪组织中具有重要地位和影响力，他们的参与和指导对犯罪集团的运作至关重要。通过将其与全部罪行相关联并予以处罚，可以削弱犯罪集团的组织结构和能力，从而有效地打击犯罪活动。

（二）诉讼行为推定之于存疑利益

表 4–5　行诉行为的推定

法条依据	法条内容	推定内容
《最高人民法院关于适用〈中华人民共和国行政诉讼法〉的解释》（后文简称《行诉解释》）第 31 条	当事人委托诉讼代理人，应当向人民法院提交由委托人签名或者盖章的授权委托书。委托书应当载明委托事项和具体权限。公民在特殊情况下无法书面委托的，也可以由他人代书，并由自己捺印等方式确认，人民法院应当核实并记录在卷；被诉行政机关或者其他有义务协助的机关拒绝人民法院向被限制人身自由的公民核实的，视为委托成立。当事人解除或者变更委托的，应当书面报告人民法院。	对委托的推定
《民事诉讼法》第 130 条第 2 款	当事人未提出管辖异议，并应诉答辩或者提出反诉的，视为受诉人民法院有管辖权，但违反级别管辖和专属管辖规定的除外。	对管辖的推定
《行诉解释》第 46 条第 1 款、第 2 款	原告或者第三人确有证据证明被告持有的证据对原告或者第三人有利的，可以在开庭审理前书面申请人民法院责令行政机关提交。 申请理由成立的，人民法院应当责令行政机关提交，因提交证据所产生的费用，由申请人预付。行政机关无正当理由拒不提交的，人民法院可以推定原告或者第三人基于该证据主张的事实成立。	对不提供证据的推定

续表

法条依据	法条内容	推定内容
《行诉解释》第 48 条第 4 款	期间不包括在途时间，诉讼文书在期满前交邮的，视为在期限内发送。	对期限的推定
《最高人民法院关于适用〈中华人民共和国刑事诉讼法〉的解释》（后文简称《刑诉解释》）第 323 条第 2 款	共同被害人中只有部分人告诉的，人民法院应当通知其他被害人参加诉讼，并告知其不参加诉讼的法律后果。被通知人接到通知后表示不参加诉讼或者不出庭的，视为放弃告诉。第一审宣判后，被通知人就同一事实又提起自诉的，人民法院不予受理。但是，当事人另行提起民事诉讼的，不受本解释限制。	对不出庭的推定
《行诉解释》第 80 条第 1 款	原告或者上诉人在庭审中明确拒绝陈述或者以其他方式拒绝陈述，导致庭审无法进行，经法庭释明法律后果后仍不陈述意见的，视为放弃陈述权利，由其承担不利的法律后果。	对拒绝陈述、不陈述的推定
《民事诉讼法》第 179 条	第二审人民法院审理上诉案件，可以进行调解。调解达成协议，应当制作调解书，由审判人员、书记员署名，加盖人民法院印章。调解书送达后，原审人民法院的判决即视为撤销。	二审达成调解的，推定一审判决撤销
《刑诉解释》第 411 条	对第二审自诉案件，必要时可以调解，当事人也可以自行和解。调解结案的，应当制作调解书，第一审判决、裁定视为自动撤销。当事人自行和解的，依照本解释第 329 条的规定处理；裁定准许撤回自诉的，应当撤销第一审判决、裁定。	二审达成调解的，推定一审判决撤销

在诉讼过程中，法律规定了某些行为的推定效果，以简化证明的难度和确保司法程序的顺利进行。这些推定可以涉及各种与诉讼相关的行为，如送达文件、提交证据、提起上诉等。例如，法律可能规定在特定情况下，向特定地址送达法律文件即视为已经通知了相关当事人；或者法律可

能规定，在一定时间内未进行答辩则被视为默认接受了对方的主张。这些规定在法律上是明确和具体的，旨在确保诉讼程序的公平性、效率性和可预测性。它们为法院和当事人提供了指导，使得诉讼过程更加明确和规范，也避免了当事人的程序权利存在悬而未决的状态，进而影响到他的实体利益。推定规定的适用可以加速诉讼进程。当一方未在规定的时间内进行答辩时，根据法律规定可以视为默认接受对方的主张，从而避免了无限期的等待和延迟。这有助于推动案件的迅速审理和解决。

（三）“思想实验”之于存疑利益

每当提及事实真伪不明，或者法律事实存疑，人们很自然地就会联想到疑难复杂案件。然而疑难复杂案件由于涉及的因素众多，一旦进行讨论容易造成焦点模糊，故我们用一个简单案件的思想实验来讨论事实真伪不明对于利益分配的影响。

这个思想实验的案情是这样的：甲去法院告乙，诉称乙问自己借了xx元至今未还，要求乙还钱并提供了证据——一张乙亲笔手写的欠条。乙参与法庭审理时，辩称甲没有把钱实际借给自己，并解释该欠条确实为自己亲笔手写，但写欠条的原因是甲说必须先写欠条才能把钱借给自己，但在自己写完后甲拿着欠条就跑了并没有把钱给自己。这是一起简单的借款纠纷案件，法律规范也简单明确，即欠债还钱。但问题是借款是否实际发生了呢？面对这样的案件，法官应当如何裁判呢？

根据证据法上的证明标准，对于前文提及的思想实验的案件，我们可以做如下分析：如果裁判者认为甲的陈述加上欠条没有达到“高度可能性”的证明标准，那么甲败诉，因为甲没能证明已经实际将钱出借给乙。

如果认定甲的陈述加上欠条已经达到“高度可能性”的证明标准，那么就需要判断乙的主张“甲没有把钱实际借给自己”是否成立。这时候乙需要达到的证明标准是“真伪不明”，即甲没有把钱实际借给乙比已经借给了乙的可能性更大。对此，乙提供自己的陈述“写欠条的原因是甲说必须先写欠条才能把钱借给自己，但在自己写完后甲拿着欠条就跑了并没有把钱给自己”，并没有提供其他证据。如果裁判者认为乙的陈述可以证明“甲没有把钱实际借给乙比已经借给了乙的可能性更大”，那么他会判决甲败诉，甲未能证明已经将钱出借给乙，因此乙无需还钱；如果裁判者认为乙的陈述不能证明“甲没有把钱实际借给乙比已经借给了乙的可能性更大”，那么他会判决甲胜诉，乙应当还钱给甲。

证明标准由于自身内涵的不确定性，在其被用来作为衡量案件事实存疑与否的标尺时，就很可能会导致案件事实被认定为清楚还是存疑本身存疑。将案件事实视为查清或视为没有查清，对当事人利益的分配将采用截然不同的规则。在这一意义上，是否将案件事实认定为存疑，这本身就是对当事人利益的一次无法预估的分配。这个思想实验的简单案件仅通过推定无法解决，它的妥善解决，需要用到“自由裁量”的方法，自由裁量的方法会在第六章中详细阐述。

三、权利推定对于存疑利益的分配

人类理性的局限性意味着我们无法完全预测未来的发展和变化。这在法律领域尤为重要，因为法律是为了规范人类行为、维护社会秩序而制定的准则。然而，社会、科技、经济等各个领域都在不断变化和演进，导致法律面临新的挑战和问题。为了应对这种不确定性，法律需要不断进行演进和调整。通过与社会实践的接触和反馈，法律可以及时调整，以适应变化的环境和需求。这意味着法律应该具有灵活性和适应性，能够跟随社会的发展而不落后于时代的需求。法律的演进和调整是一个持续不断的过程。通过法律的修订、立法的变革和司法实践的不断发展，我们可以更好地解决新兴问题、填补法律漏洞，并确保法律的公正性和有效性。

随着社会的变革和发展，新的权利问题不断涌现，旧有的权利观念和法律框架可能无法完全适应新的需求。因此，法律需要不断调整。例如，现在热门的隐私权、数字领域的权利问题。权利的变化是法律演进的一部分，它需要随着法律的变化而变化，以确保法律的有效性和公正性，同时使得个体和团体权利得到充分保护。

某些权利是否被法律所承认并不完全确定，即存在权利存在与否不确定的情况。此外，并非所有法律权利的边界都清晰、明确，这导致权利内容的不确定性。这两种形态构成了权利不确定性的两种情形。

近 5 年，在我国因祭奠、死者亲属要求在墓碑上署名产生纠纷去法院打官司的就有近千例。而祭奠是否属于法律保护的权利，各地的法官观点差异巨大。直到《民法典》施行后，这类纠纷才大概率地形成了共识，认为墓碑署名权益虽未成为《民法典》第 990 条列举的具体人格权，但因其与人格自由、人格尊严密切相关，符合我国传统伦理和善良风俗，属于应予以法律保护的“其他人格利益”范畴。在“纽约时报公司诉塔西尼”

(New York Times Co. v. Tasini)[1]一案中，由于美国1974年版权法对于“原作品的修订版”并没有明确规定，导致双方的权利边界变得模糊，从而使案件难以处理。

从国家法意义上讲，法是由国家制定或认可的、具有权利和义务内容与形式的社会规范，并通过国家的强制力来保证其实施和实现。权利的基础在于利益。换言之，权利的基本要素首先是利益，利益既是权利的基础和核心内容，也是权利的目标和指向，它是人们的起始动机，也是享受权利所追求的目的所在。权利由两个要素构成，即权威与利益。因此，“法律关系实质上也是一种利益关系，是一种权威化了的利益关系。”[2]所有的法律，没有不为着社会上某种利益而生的，离开利益，即不能有法的观念存在。[3]

拉兹（Joseph Raz）指出：“当一个法律问题没有完全的答案时，法律存在一个漏洞。”[4]渊源论认为法律源于人类行为，而人类行为通常具有不确定性，这使得法律不可避免地产生漏洞。

法律权利之间的冲突，即“两个或者两个以上同样具有法律上之依据的权利，因法律未对它们之间的关系作出明确的界定所导致的权利边界的

〔1〕 See New York Times Co., Inc., et al. v. Tasini et al., 533 U. S. 483 (2001). 本案中，原告和被告就出版方是否可以在数据库中使用自由撰稿人的稿件产生了争议。根据美国1974年版权法第201条c款规定，出版方可以将稿件用于集体作品以及该集体作品的修订版中。然而，对于何种情况可视为“原作品的修订版”并没有得到明确界定，这导致了自由撰稿人和出版方之间的分歧。自由撰稿人主张数据库不能被视为原作品的修订版，因此出版方使用数据库侵犯了作者的版权；而出版方则持相反观点。初审法院支持了出版方的观点，而第二巡回法院支持了自由撰稿人的主张。最终，该案件上诉至美国联邦最高法院才得以解决。2001年，美国最高法院确认未经许可将作者的文章收入Lexis数据库，使公众能够在线浏览的行为构成了对作品的发行。

〔2〕 梁上上：《利益衡量论》，法律出版社2013年版，第77页。

〔3〕 ［日］美浓部达吉：《法之本质》，林纪东译，台湾商务印书馆1993年版，第37页。

〔4〕 See Joseph Raz, *The Authority of Law*, Clarendon Press, 1979, p. 49.

不确定性、模糊性，而引起它们之间的不和谐状态、矛盾状态”[1]。权利之间的冲突导致关于权利的法律争议可能出现不确定的结论。举例来说，在美国最高法院审理的一系列关于示威者是否有权进入购物中心举行抗议活动的案件中，示威者可以合理主张根据宪法第一修正案，他们有权进入购物中心而不受国家限制。然而，美国最高法院认为，尽管示威者的权利是宪法所保障的，但它需要与私有财产权进行权衡，因为私有财产权同样具有宪法性质的权利，并且与示威者的权利地位相等。美国宪法还规定了其他重要利益，如国家统一、各州自治、个人主义、个人自治、私人结社、私有财产以及为保障经济自由发展而对财产享有的控制权。这些利益之间也可能发生冲突。在面对这些冲突时，法院可以自由选择它们之间的权衡，从而导致当事人的权利出现不确定的情况。[2]

法是通过什么方式承认和保护这些利益呢？庞德认为，主要的方式是把利益确认为权利（权利主张、自由、特权、权力），并把它们及相对的义务归之于法律上的人，同时还要有维护权利和强制义务的补救办法——惩罚、赔偿和制止等。[3]

不同的群体可能对权利的适用和范围有不同的理解和主张，导致争议的产生。权利的不确定性也可能使群体无法确定自己的权益和责任。具体影响因存疑的权利和相关的情境而异。以下是一些可能的影响：第一，被剥夺或受限的权利：在存疑状态下，一些群体可能面临被剥夺或受限于权

---

〔1〕王克金：《权利冲突论——一个法律实证主义的分析》，载《法制与社会发展》2004年第2期。

〔2〕See Mark Tushnet, “Essay on Rights”, *Texas Law Review*, 1363, 1373, 62 (1984).

〔3〕张文显：《二十世纪西方法哲学思潮研究》，法律出版社1996年版，第125页。

利的情况。如果权利的适用范围不明确或存在争议，可能导致某些群体无法享有或行使本应享有的权利。第二，法律适用的不公平：存疑状态可能导致法律适用的不公平。不同群体对于权利的归属和适用可能存在差异，某些群体可能因为处于存疑状态而受到不公平待遇，而其他群体则可能获得更多的权利保护。第三，滥用权力的风险：在权利存疑的情况下，某些群体可能滥用权利或利用权利的不确定性来谋取私利。缺乏明确的权利归属可能给予一些人滥用权力的机会，对其他群体的利益产生负面影响。第四，法律合规和风险管理：存疑状态可能使群体面临法律合规和风险管理的挑战。群体可能面临不确定的法律规定和权利归属，需要在不确定性中进行决策和行动，以避免违反法律或承担法律风险。

解决法律权利存疑状态、明确权利归属和保障不同群体的利益，通常需要通过法律程序、司法解释、法律修订或其他机制来实现。这样可以确保权利的公正适用，保护各方的合法权益。法律改革和立法进程是产生新法律权利的重要途径。当立法机构决定制定新的法律或修改现有法律时，可以在其中纳入新的法律权利来回应社会变化和需求。法院的司法判决和对法律的解释也可以为新的法律权利的确立提供契机。在面对具体案件时，法院可能需要解释现有法律的适用，这可能为某些权利的扩展或新的权利提供先例和指导。需要注意的是，产生新的法律权利是一个复杂的过程，涉及立法、司法、社会讨论和共识等多个方面。这个过程通常需要各个相关方的努力和参与，以确保新的法律权利的合法性和有效性。在存疑状态下，权利的具体适用和保护问题可能需要通过法律解释、司法判决或相关的法律改革来解决。法律界以及相关的专家和学者会在法律实践和学术研究中努力解决存疑问题，以促进对权利的明确理解和适用。

法律权利存疑状态对利益归属的影响可以从社会权力、资源分配和财产支配权三个方面来分析。法律权利的存在和保障对于社会权力的分配至关重要。如果法律权利存在存疑状态，社会中的权力关系可能变得混乱和不稳定。这可能导致强权政治、权力滥用和不公正决策的出现。权力的合法性和合理性可能受到挑战，而社会中的弱势群体可能更容易受到剥夺和不公平待遇。因此，法律权利存疑状态可能会导致权力关系的扭曲，进而影响利益的归属。法律权利对于资源的分配和利益的归属也起着重要作用。如果法律权利存在存疑状态，资源分配可能变得模糊和不确定。缺乏明确的法律规则和权威的裁决机构可能导致争夺和冲突的加剧。权力强大的个人或组织可能通过非法手段获取更多资源，而处于法律弱势地位的人可能会失去他们应有的利益。因此，法律权利的存疑状态可能导致资源分配的不公平和不平衡，进而影响利益的归属。法律权利对财产支配权的保护至关重要。如果法律权利存在存疑状态，财产的归属和支配权可能受到威胁。没有明确的法律保护，财产可能会遭受侵犯和剥夺。这可能导致不确定性和风险的增加，使人们不愿意投资和创造财富。此外，财产权的不确定性还可能导致争议和纠纷的增加，增加司法负担和成本。因此，法律权利存疑状态可能削弱财产支配权，进而影响利益的归属。

综上所述，法律权利的存疑状态对利益归属有着重要的影响。它可能导致权力关系的扭曲，资源分配的不公平和财产支配权的削弱。为了确保利益的公正归属，法律权利的存在和保障至关重要，需要建立健全的法律体系和有效的法律机构来解决存疑状态并维护权益。

有学者认为，权利推定“即在某种权利之归属不够明确的情况下，根据一定的基础事实对该权利之归属做出的推定”〔1〕。

社会生活中存在着诸多利益事实，而法律的作用是承认或拒绝承认某些利益事实应该受到保护、限制或禁止。当这些利益事实在法律中得到确认时，它们就成为法律上的权利。一些自然权利、社会性权利在国家出现之前，就已然存在于社会生活中。这些权利无法被法律所穷尽，与此同时也并非所有的利益事实都需要转化为法律上的权利。但是，仍然存在一些应该被法律保护的利益或应该被转化为法律权利但尚未被列入法律的权利。这些权利和利益包括被遗漏的权利、新兴的权利、空白的权利以及各种利益，等等。对于这部分存疑利益，有必要通过立法或法律的适用来予以权利确认或认可。这个从已有权利事实出发，对应有权利进行确认或认可的过程被称为权利推定。“权利推定大致可分为两类：一类是立法上确认法定权利归属与效力的推定，另一类是法律解释上确认应有权利的法律地位的推定。”〔2〕

对于权利推定之于存疑利益的分类，笔者会分为四种类型，分别是：权利主体推定、“预先假设”、份额不明推定以及“不作为”推定。这样的分类是基于实践的，会产生逻辑不周延的情况，因为现实生活不是按抽象的逻辑来演化的。尽管基于实践的分类可能存在逻辑上的不周延，但这并不意味着它们没有价值或不重要。基于实践的分类可以提供对复杂现实世界的一种有用的描述和理解，并帮助人们应对实际问题和决策。之所以

〔1〕 何家弘：《司法证明方法与推定规则》，法律出版社 2018 年版，第 233 页。

〔2〕 郭道晖：《法理学精义》，湖南人民出版社 2005 年版，第 130~131 页。

存在“预先假设”这个类型，本章在开头已经交代过，是因为“推定”（presumption）这个词的中英文含义存在很大差异：中文的推定，我们通常做“推理断定”来理解，英文的 presumption 基本含义为“预先假设”。在法律实践中，我们会在“预先假设”和“推理断定”两个含义上使用“推定”一词。这也是分类中，会存在“预先假设”这一分类的原因。

（一）权利主体之于存疑利益

表 4-6　权利主体的推定

法条依据	法条内容	推定内容
《著作权法》第 12 条第 1 款	在作品上署名的自然人、法人或者非法人组织为作者，且该作品上存在相应权利，但有相反证明的除外。	推定在作品上署名的人为作者
《公司法》第 56 条第 2 款	记载于股东名册的股东，可以依股东名册主张行使股东权利。	推定记载于股东名册的人，为股东，可以享有股东权利
《民法典》第 321 条第 1 款	天然孳息，由所有权人取得；既有所有权人又有用益物权人的，由用益物权人取得。当事人另有约定的，按照其约定。	天然孳息取得约定不明的，推定用益物权人优于所有权人优于其他人
《民法典》第 757 条	出租人和承租人可以约定租赁期限届满租赁物的归属；对租赁物的归属没有约定或者约定不明确，依据本法第 510 条的规定仍不能确定的，租赁物的所有权归出租人。	推定租赁物所有权归出租人

在特定情况下，法律会根据常规、合理的假设来推定某些事实或权益的归属。这样的推定是为了便利和简化权益的确认和行使，以维护权利的稳定和效率。例如，法律推定署名作品的人为作者，这意味着在版权领域，法律默认署名的人是作品的创作者，即享有版权的权利人。这样的推

定使得权利的归属相对明确，方便了版权的保护和管理。法律推定记载于股东名册的人为股东，这表明在股权领域，法律会推定登记在股东名册上的人为该股份的合法所有者。这种推定使得股权的归属具有一定的确定性，方便了股权交易和公司治理。法律推定天然孳息归用益物权人所有，这意味着在物权领域，法律默认将土地或其他物品所产生的自然收益归属于该物品的用益物权人。这样的推定确保了用益物权人对物品的完整权益，包括从物品中获得的收益。

这些推定的目的是在现实生活中简化权益归属的确认和证明过程，以维护社会秩序和交易的正常进行。然而，这些推定并不是绝对的，可以被事实推翻或被证明与实际情况不符。在特殊情况下，可以提供证据来否定推定的效力，以证明实际权益的归属。

（二）“预先假设”之于存疑利益

在一般情况下，法律对国家工作人员的要求更严格。这是因为国家工作人员通常承担着行使公权力和处理公共事务的职责，他们的行为直接影响着公众利益和公共利益。因此，法律通常对他们的行为设定更高的标准，以确保公正、廉洁和有效的行政运作。对普通公民而言，法律一般采取的是一种预设的保护立场，即为了保障个人权利和自由，法律规定了一系列的权利和保护机制。普通公民在享有自由和权利的同时也需要遵守法律的规范，但相对于国家工作人员，他们在行为和责任方面可能有更多的自主权和相对宽松的限制。至于强势的人群，根据具体情况，法律可能会要求其承担更多的义务或责任。这是为了平衡社会中的权力和利益，防止滥用权力或对弱势群体造成不公平的影响。需要注意的是，这些原则可能因国家、地区和具体法律体系的不同而有所差异。法律的目标是维护社会公平和公正，因此在实践中也会根据具体情况和社会变革的需求进行调整和完善。

表 4-7 “预先假设”的推定

法条依据	法条内容	推定内容
《刑事诉讼法》第12条	未经人民法院依法判决，对任何人都不得确定有罪。	预设立场为任何人无罪
《刑法》第395条	国家工作人员的财产、支出明显超过合法收入，差额巨大的，可以责令该国家工作人员说明来源，不能说明来源的，差额部分以非法所得论，处5年以下有期徒刑或者拘役；差额特别巨大的，处5年以上10年以下有期徒刑。财产的差额部分予以追缴。国家工作人员在境外的存款，应当依照国家规定申报。数额较大、隐瞒不报的，处2年以下有期徒刑或者拘役；情节较轻的，由其所在单位或者上级主管机关酌情给予行政处分。	预设立场为国家工作人员应披露收入来源
《民法典》第1165条第2款	依照法律规定推定行为人有过错，其不能证明自己没有过错的，应当承担侵权责任。	在法律规定的某些情形中，推定行为人有过错

无罪推定确保了被告人的权利得到充分保护。被告人在刑事诉讼中享有多项权利，例如不自证其罪、拥有有效辩护、免受自证罪行等权利。无罪推定的原则强调了对被告人权利的尊重，迫使控辩双方提供足够的证据来证明被告人的罪行，而不是要求被告人来证明自己的无辜。无罪推定作为一项重要原则，有助于防止司法错误和冤假错案的发生。它要求法庭在做出有罪判决之前，对控方提出的证据进行仔细的审查和评估。如果没有足够的证据来证明被告人的有罪，法庭应当宣判其无罪，以防止将无辜的

人定罪和受到不当的刑罚。无罪推定的实施有助于维护司法制度的公信力和公众对司法的信任。它传递了一个信息，即在法律面前，每个人都是无罪的，直到被证明有罪。这种做法确保了司法的公正性和中立性，并提高了公众对司法系统的信心。

通过要求国家工作人员披露收入来源，可以增加对他们财务状况的监督和审查，防止贪污腐败行为的发生。这有助于减少滥用职权、权钱交易和其他形式的腐败行为，维护公共利益。对于普通公众而言，则没有义务披露收入来源。

如果行为人无法提供充分的证据来证明自己没有过错，法律会根据推定有过错的原则，将责任归咎于他。这意味着行为人需要承担相应的法律后果，可能包括赔偿受害人的损失、承担法律责任或其他相关的法律后果。这样的规定主要规定在一些特殊侵权的情形，旨在促使行为人承担起自己的责任，并确保受害人在侵权行为发生后能够获得相应的补偿。

（三）权利份额之于存疑利益

在财产和债权债务方面，若利益存疑，法律都将其推定为份额相等。如果行为人实际上是投入较大的一方，那么就需要有足够的证据证明这一点，否则就只能推定平均分配了。

表 4-8 权利份额的推定

法条依据	法条内容	推定内容
《民法典》第 308 条	共有人对共有的不动产或者动产没有约定为按份共有或者共同共有，或者约定不明确的，除共有人具有家庭关系等外，视为按份共有。	财产共同共有或按份共有不明确的，推定按份共有

续表

法条依据	法条内容	推定内容
《民法典》第 309 条	按份共有人对共有的不动产或者动产享有的份额，没有约定或者约定不明确的，按照出资额确定；不能确定出资额的，视为等额享有。	财产按份共有的份额约定不明的，按出资份额确定；不能确定出资额的，推定等额
《民法典》第 517 条第 2 款	按份债权人或者按份债务人的份额难以确定的，视为份额相同。	按份债权债务份额约定不明的，推定份额相同
《民法典》第 519 条第 1 款	连带债务人之间的份额难以确定的，视为份额相同。	连带债权份额不明的，推定份额相同

共有财产可能由多个人共同拥有，但没有明确约定每个共有人的具体权益份额。在这种情况下，按照出资额确定权益份额可以相对公平地反映每个共有人对财产的贡献程度。出资额是一种合理的参考指标，可以用来衡量每个共有人对共有财产的投入。有时候，共有财产的共有人可能在共有协议或契约中没有明确约定各自的权益份额，或者约定存在模糊不清的情况。按照出资额确定权益份额可以填补这种约定不明确的空白，提供一个可行的分配原则。将权益份额与出资额挂钩可以简化权益分配的程序和降低证明的难度。出资额相对容易确定和计算，因此可以减少争议和纠纷的可能性，提高分配的效率和可预测性。在不能确定出资额的情况下，视为等额享有可以体现平等和公正的原则。这种假设意味着每个共有人对共有财产享有相等的权益份额，避免了任何偏袒或不公平的情况。

在某些情况下，可能很难确定按份债权人或按份债务人的具体份额，例如缺乏相关的协议、契约或其他明确的约定。这种不确定性可能导致争议和困难，阻碍债权债务关系的顺利处理。将份额视为相同可以解决这种不确定性，因为它提供了一个明确的规则来处理难以确定份额的情况。将份额视为相同是基于公平和平等的原则。当无法确定每个按份债权人或按份债务人的具体份额时，假设他们享有相等的权益可以避免对某个债权人或债务人的偏袒或不公平对待。这样的规定确保了各方在债权债务关系中的平等地位。将份额视为相同可以简化债权债务处理的程序和降低证明的难度。当份额难以确定时，需要进行复杂的调查和计算来确定每个按份债权人或按份债务人的具体份额。这可能会导致繁琐的程序和不必要的争议。将份额视为相同可以减少这种复杂性和争议，使债权债务处理更加便利和高效。

（四）“不作为”之于存疑利益

权利人在特定情况下选择不采取行动或不表达意见时，其行为可能会被解释为同意、拒绝或放弃相关权利。具体解读取决于涉及的具体领域和情境。在法律领域，当权利人对某项权利事项选择保持沉默或不主动行动时，其行为可以被视为默认同意或放弃相关权利。这是因为法律通常要求权利人在合理的时间内采取行动来行使或维护自己的权益。如果权利人没有采取任何行动，法律可能会将其视为默许或放弃权利。在某些情况下，权利人的不作为也可能会被解释为对权利的拒绝或放弃，这实质上也是对存疑利益的分配。权利人的权益和利益可能会受到解读方式的不同而受到保护或受到限制。因此，权利人在面对解读方式时需要谨慎行事，并根据具体情况评估可能产生的后果并积极应对，尽可能避免失去机会行使或维护相关权利。

表 4-9 “不作为”的推定

法条依据	法条内容	推定内容
《行政处罚法》第 64 条第 6 项	听证应当依照以下程序组织：…… (6) 当事人及其代理人无正当理由拒不出席听证或者未经许可中途退出听证的，视为放弃听证权利，行政机关终止听证；……	推定为放弃听证权利
《民法典》第 1124 条第 2 款	受遗赠人应当在知道受遗赠后 60 日内，作出接受或者放弃受遗赠的表示；到期没有表示的，视为放弃受遗赠。	推定为放弃受遗赠
《民法典》第 638 条第 1 款	试用买卖的买受人在试用期内可以购买标的物，也可以拒绝购买。试用期限届满，买受人对是否购买标的物未作表示的，视为购买。	推定为同意购买
《民法典》第 718 条	出租人知道或者应当知道承租人转租，但是在 6 个月内未提出异议的，视为出租人同意转租。	推定为同意转租
《民法典》第 171 条第 2 款	相对人可以催告被代理人自收到通知之日起 30 日内予以追认。被代理人未作表示的，视为拒绝追认。行为人实施的行为被追认前，善意相对人有撤销的权利。撤销应当以通知的方式作出。	推定为拒绝追认

在法律的具体场景中，“不作为”的含义可以根据具体的法律规定和情境而有所不同。一般情况下，“不作为”通常被理解为不同意或不采取行动，即对某种行为或主张的拒绝或不支持。然而，在特定的法律背景下，“不作为”也可能被解释为默许、默认或暗示的同意。这种解释通常涉及法律上的义务或责任。举例来说，如果一个人在法定期限内未采取行动或提出异议，根据法律规定，这种不作为可能被视为默认或默许，从而产生特定的法律后果。因此，“不作为”在法律中的具体含义需要根据相关的法律规定和具体情境来解释和理解。注意特定法律背景下对“不作为”的定义和效果，对于确定存疑利益至关重要。

四、可推翻推定之于存疑利益分配的问题

实际上，“可推翻的推定”和“可反驳的推定”都指的是一种推定，在特定情况下可以通过相应的证据进行反驳或推翻。它们之间的区别在于推翻或反驳所需的证据的强度或程度不同。在通常情况下，推定是根据一定的事实或假设进行的，以简化证明过程。当事实证据或逆证据出现时，推定可以被推翻或反驳。“可推翻的推定”指的是推定可以通过提供证据来完全推翻或否定。这意味着证据可以使推定无效，无法在法律上发挥作用。“可反驳的推定”极易引起误解，指的是推定可以通过提供相反的证据来推翻，并且需要的证据强度较之“可推翻的推定”更低。

可反驳（推翻）的推定对于存疑利益的处理处在不稳定状态。若推定被反驳（推翻），那么利益就归属于相对方；若推定未能被反驳（推翻），则利益仍归属于推定这一方。

可反驳的推定是推定的一种形态，在某些情况下根据科学原则和经验，法律可能会做出一些预设，认为某种情况下的某种事实存在或某种关系成立。根据这种推定，当一方提出了证据支持这种预设时，对方可以选择反驳这一推定，提出证据来证明事实并非如预设所述。在这种情况下，预设概率大的一方不需要先举证，这是因为根据科学原则和经验，有较高的概率认为这种事实存在或关系成立。然而，这并不意味着预设概率大的一方在所有情况下都无需举证。如果对方提出了相反的证据，或者能够成功反驳这一推定，那么预设就会被推翻，需要根据新的证据重新评估事实和关系。法律的可反驳推定并非绝对，它仍然需要根据具体情况进行评估

和判断。在司法实践中，法官会综合考虑各方的证据和论证，以及专业知识和科学原则，来确定推定是否成立或是否被成功反驳。这样的判断是基于特定案件的事实和法律规定，旨在实现公正和公平的司法决策。

可反驳的推定和可推翻的推定存在强度上的差别。可反驳的推定和可推翻的推定之间存在一定的差别，主要体现在其强度和证明要求上。可反驳的推定是指根据某些已知事实或证据，推定出一个合理的结论，但这个推定可以被提出的相反证据或合理论证来进行反驳。在这种情况下，推定的强度相对较弱，因为它可以被反驳或质疑。要使可反驳的推定成立，需要充分的证据或合理的推理，但它并不具有绝对的确定性。相反，可推翻的推定是指在特定情况下，推定的结论可以被提出的证据或推理所推翻，从而使推定无效或不成立。可推翻的推定具有更高的强度，因为它要求提出充分的证据或理由来推翻原有的推定。这种推定的证明要求较高，需要更有力的证据或更具说服力的推理来推翻原有的推定。因此，可反驳的推定和可推翻的推定之间的差别在于其强度和证明要求的不同。可反驳的推定相对较弱，可以被反驳或质疑，而可推翻的推定具有更高的强度，需要提出充分的证据或理由来推翻原有的推定。

在权利推定中，有一部分要求在相应机关进行登记，若未进行登记，则不得对抗第三人。这其实是对信赖利益保护原则的体现。在现代社会中，由于社会的复杂性，确定权利状态和解决纠纷需要投入大量的人力、物力和财力。但法律系统无法主动介入每一个个体的权益事务。相反，法律更倾向于保护那些主动维护自己权益、行使自己权利并积极参与法律程序的人。

不可反驳的推定在存疑利益分配方面处于稳定状态。但也涉及两种情况，一种是以预设立场的方式进行存疑利益分配，另一种是为了简化证明过程的真正的不可反驳推定。

“预设立场”式的推定，我们用“过错推定”来举例。过错推定在法律条文中，表述为“依照法律规定推定行为人有过错，其不能证明自己没有过错的，应当承担侵权责任”。这里面包含着法律的价值判断，即根据法律规定或法律价值判断，对某些特定情况下的事实或责任进行了预设，无需对方启动举证。比方说，“堆放物倒塌、滚落或者滑落造成他人损害”的情形，就是一个法律明文规定的过错推定情形。也就是说，在此情形下，法律预设立场：只要堆放物倒塌、滚落或者滑落造成他人损害，就推定堆放人有过错。对于受伤的人来说，他只需要证明自己因为堆放物倒塌、滚落、滑落受伤了，而不需要证明堆放人存在过错（在一般的侵权行为举证责任中，受害人是需要证明加害人存在过错的）。因为在过错推定的情况下，法律已经预先把存疑利益分配给了受害人，因此受害人不需要举证证明堆放人存在过错。此时，对于堆放人而言，由于他已被法律预先推定为有过错了，因此他此时承担了证明责任，需要证明自己没有过错。如果堆放人无法证明自己没有过错，那么他就不得不对受害人承担相应责任。堆放人可以怎么证明自己没有过错呢？比如说，他可以举证堆放物倒塌是由于受害人自身的故意行为造成的，如果证明成立，堆放人也就不用承担赔偿责任了。

在这个“堆放物倒塌、滚落或者滑落造成他人损害”的场景中，最开始推定堆放人有过错，就是我们说的“预设立场”。预设立场实质上就是对存疑利益的分配，因为这涉及究竟是由受害人来证明堆放人有过错，还是由堆放人来证明自己没有过错。之所以把这种类型的推定界定为不可反驳的推定，主要是因为这是一个预设立场，也就是“假设”，假设没有办法被反驳。但是，堆放人后续可以通过证据推翻这个假设，从而使利益来到自己这一边。

这样的推定涉及法律的价值判断和权衡，法律将一部分法律主体视为具有特殊责任或证明能力，要求其承担更高的责任和证明责任的义务。这是法律为了保护弱势方和实现社会公平而采取的一种制度安排。然而，需要注意的是，即使存在不可反驳的推定，当事人仍然有权提出相关证据来推翻这一推定。虽然不可反驳的推定在一般情况下对某些法律主体施加了举证责任，但当事人仍然可以通过相关证据和论证来试图推翻这一推定。在具体案件中，法院将综合考虑双方的证据和论点，以及法律的规定和价值判断，作出最终的判断和决策。

另一种是真正的不可反驳推定，其目的是简化证明过程。这种推定在法律上被认为是无法被反驳或驳斥的，即使当事人提供了相反的证据或论点，也无法改变这一推定的效力。这样的不可反驳推定通常基于一般性的经验或公认的事实，并被认为是相对稳定和可靠的。法律使用这样的推定是为了节省时间和资源，避免在每个案件中都需要进行复杂和繁琐的证明过程。例如，在某些法律领域中，可能存在一些法定的不可反驳推定，比如交通法规定超速行驶被认为是违法行为，无需进一步证明违法者的过错。这种推定简化了法院和当事人之间关于违法行为的争议，并减少了对证据的依赖。需要注意的是，这种真正的不可反驳推定并不适用于所有法律领域和情况。

推定作为存疑利益的分配方法，包含了事实推定和权利推定。事实推定主要涉及对事实要素的推定，权利推定主要涉及对默示权利以及新型权利的推定。当推定的含义为“预设立场”时，表明此推定是可以被推翻的。若推定在法律实践中被推翻，则意味着存疑利益转向了“预设立场”的相对方。

第五章

拟制对于存疑利益的初次分配

上一章讨论了存疑利益初次分配的第一种方法：推定。本章接下来将讨论存疑利益初次分配的第二种方法：拟制。“拟制”在法学领域是一个使用较为混乱的概念。多数学者认同“拟制”是立法上的一种技术。“立法者明知所面对的诸法律事实虽然相似或相通而并非同一，但为了考虑某些特殊情况，或为避免对事实的了解或处理上的困难和不便，在立法上将二者赋予同一的法律效果，即将并非某种人、某种物或某类行为，当作某人、某物、某行为对待，给以同样的法律意义与效果，同等处理，从而使法律得以顺利适用。”〔1〕本书将在两个意义上使用“拟制”概念：一是宏观层面，一是微观层面。宏观层面采用谢晖教授的观点，即“法律拟制就是立法者以拟制这种思维方式，在个别的社会事实中归纳、总结和提升抽象规范的活动，法律拟制在本质上乃是一种立法活动”〔2〕。微观层面采用共识的观点，即“拟制是法律现实层面的一种决断性虚构”〔3〕。

〔1〕 郭道晖：《法理学精义》，湖南人民出版社 2005 年版，第 19 页。

〔2〕 谢晖：《法律哲学》，湖南人民出版社 2009 年版，第 369 页。

〔3〕 卢鹏：《法律拟制正名》，载《比较法研究》2005 年第 1 期。

一、存疑利益与拟制

“法律拟制，乃是从具象的事实世界，归纳、整理和升华出抽象的社会规范的一种思维方式和规范活动。”[1]社会是人类相互关系和互动的总和，由具有各种不同背景、特征和角色的个人组成，包括个体、家庭、社区、组织、机构和国家等。这些个体和群体之间的相互作用和关系构成了社会的基本元素。每个人在社会生活中首先是个别的、具体的存在。每个人都有独特的经历、观点和需求，因此社会中存在着千姿百态、纷繁复杂的个别事实。法律的使命就是要从这些个别事实中提取共性、归纳规律，并将其整理和发现为一般性问题。通过将个别事实概括为一般性原则和规范，法律能够更好地调整社会关系、维护秩序和实现公共利益。这种从个别到一般、从具体到普遍、从具象到抽象的思维活动可以被称为拟制活动。

在拟制活动中，法律从个别、具体和具象的实际情况出发，通过归纳和抽象的方式，将其转化为适用于更广泛情况的一般性原则和规则。这种思维活动是人类认识的一种重要表现，体现了人类对社会现象的理解和抽象能力的提升。然而，需要注意的是，一般、普遍、抽象的规则和原则并不完全等同于个别、具体和具象的反映。在从个别到一般的过程中，可能存在着认识上的偏差和修正的需要。没有人可以断言一般、普遍、抽象的规则和原则必然准确地反映个别、具体和具象的情况，因为现实世界的复杂性和变化性使得法律的适用和解释具有一定的主观性和相对性。因此，人们对个别、具体和具象的认识需要不断深化和修正，并以此为基础对一

〔1〕 谢晖：《法律哲学》，湖南人民出版社 2009 年版，第 367 页。

般、普遍和抽象的逻辑进行修正和完善。

除了人类个体，社会还包括各种社会制度、社会组织和社会规范。社会制度是一系列在社会中组织和协调人们行为的规则和结构，如政治制度、经济制度、教育制度等。社会组织包括政府机构、非营利组织、商业机构等各种组织形式，用于管理和提供社会服务。社会规范是一组被人们共同接受和遵守的行为准则和价值观，指导人们在社会中的行为和相互关系。社会是一个复杂而动态的系统，不断变化和演化。它涉及人们在经济、政治、文化、教育、法律等方面的交互作用和相互影响。社会的组成成分和结构因地域、历史、文化等因素而有所不同，但人类是构成社会的核心要素。

立法过程中的法律拟制分为如下两类：一为事实抽象，一为价值抽象。事实抽象是指在具体的自然事实或社会事实中提取共同性内容作为交往行为准则的规则。立法者需要关注自然对象的规定性，并根据人们的需要进行再拟制，以成为交往行为的规则。社会事实则是人与人之间的关系状态，立法者可以总结、提炼和升华出社会事实的共同特征，并将其作为立法的基础参照。通过事实抽象，法律可以规范人际交往关系。另一类是价值抽象，涉及法律拟制中的价值考量和选择。价值本身是主体存在的精神事实，每个人都有自己的自由需要、自由意志和价值追求。立法者通过精神价值的交流、不同意见的表达和主体对话交流，挖掘、总结和抽象主体的价值需要。在多元的价值追求中，寻求共同的普遍性价值理念和义务，并赋予人们行使和运用自由的权利。对于无法与公共价值共存的价值追求，通过法律设定制约和限制措施，以防止其危害他人和社会。通过价值抽象，法律拟制实现了对人们身心关系和群体关系的规范。总而言之，立法过程中的法律拟制可以分为事实抽象和价值抽象两类。事实抽象关注自然对象和社会事实，提取共同性内容作为规则；价值抽象考虑主体的精神价值和价值追求，制定普遍性价值理念和限制措施。这样的法律拟制实现了对人们交往行为和群体关系的规范。

在微观层面达成一定共识的法律拟制指的是法律上的一种假设或假设的事实，它虽然在现实中并不真实存在，但在法律上被假定为真实或存在。法律拟制是一种人为的构建或设定，旨在解决特定法律问题或填补法律漏洞。法律拟制通常是为了达到一定的法律目的或推动特定的法律效果。它可以用于法律实体的定义、权利义务的确定、法律程序的规范等方面。通过使用法律拟制，法律可以创造一种被认为更合理或更有利的法律关系，尽管这种关系在实际情况下可能并不存在。拉伦茨（Karl Larenz）称："法定拟制是一种表达工具，其既可以实现指示参照的作用，也可以用来作限制或说明。"〔1〕

本章接下来将从两个层面分析拟制对于存疑利益的分配：一个是从拟制亲属关系、拟制法人身份的制度构建方面，另一个是从拟制在我国民法、行政法、刑法文本中的使用进行类型化考查的细节方面。

夫妻、养父母和子女就是法律拟制亲属关系。法律拟制亲属关系是为了在社会中建立一种法律框架，以确立家庭和亲属关系的法律地位和权益。亲属关系是人们在家庭和社会中最基本的人际关系之一，它涉及人们的血缘、婚姻和抚养等方面。法律拟制亲属关系的主要目的包括：第一，通过拟制亲属关系，法律确立了家庭成员之间的权利和义务，如夫妻之间

〔1〕［德］卡尔·拉伦茨：《法学方法论》，陈爱娥译，商务印书馆2003年版，第143页。

的互相扶养和互相尊重、父母对子女的抚养责任等。这有助于维护家庭秩序、保护弱势成员的权益，并提供法律保障。第二，安排财产继承和财产权利。例如，在许多司法管辖区中，法律规定了亲属之间的继承顺序和分配规则，确保财产在家族中的传承，并保护合法继承人的权益。第三，维护家庭利益和社会稳定。法律规定了离婚、子女抚养、家庭暴力等问题的解决机制，以维护家庭的和谐和社会的秩序。第四，确定法律责任和义务。法律拟制亲属关系还有助于确定法律责任和义务。例如，在家庭关系中，夫妻双方有义务相互扶养和关心，父母有责任抚养和教育子女。法律为这些责任和义务提供了具体的规定和法律后盾。总的来说，法律拟制亲属关系的目的是确保家庭和亲属关系的稳定、公平和有序，并为相关权益和责任提供明确的法律规定和保护。这有助于保障个人的权益，促进家庭和社会的和谐发展。

法人也是法律拟制的人。法人的存在是法律制度的产物，法律通过设立法人的概念和规则，赋予特定组织或实体以法律地位和权利义务。这种设立法人的拟制过程是为了满足社会和经济发展的需要，以便更好地管理和规范组织活动。通过法律的拟制，法人成为一种独立的法律主体，可以行使权利、承担义务，并与其他法律主体进行交易和法律行为。法人的设立和法律主体的拟制是为了实现法律目的，维护社会秩序，促进公平正义，并保护各方的合法权益。“非人化的团体被抽象成‘人’，实属现代法律的一大创举，这极大地扩大了法律中‘人’的范围。”〔1〕

〔1〕 李拥军：《从“人可非人”到“非人可人”：民事主体制度与理念的历史变迁——对法律“人”的一种解析》，载《法制与社会发展》2005年第2期。

法律拟制“是为了使法律规定的诉权能够适应对新产生的社会关系的调整，在诉讼中将某些新的要素虚拟为法律规定的要素，从而使某些本不具有诉权的主体能够通过扩用诉讼得到司法救济”。[1]

拟制的本质是一种类推：在一个已证明为重要的观点之下，对不同事物相同处理，或者我们也可以说，“是在一个以某种关系为标准的相同性中（关系相同性，关系统一性），对不同事物相同处理”[2]。法律拟制常常用“视为”二字，将甲事实看作乙事实，使甲事实产生与乙事实相同的法律效果。法律拟制的作用是为了平衡各方利益，确保法律的公正和合理。在没有足够的证据来证明某项事实时，法律规定可以根据已知的事实和法律规定来推断出该事实的存在。接下来，本书将通过法律文本对存疑利益进行分析和考察。

二、法律主体拟制之于存疑利益

表 5-1　权利主体的拟制

法条依据	法条内容	拟制内容
《民法典》第16条	涉及遗产继承、接受赠与等胎儿利益保护的，胎儿视为具有民事权利能力。但是，胎儿娩出时为死体的，其民事权利能力自始不存在。	胎儿=人
《民法典》第18条第2款	16周岁以上的未成年人，以自己的劳动收入为主要生活来源的，视为完全民事行为能力人。	未成年人=成年人

〔1〕 黄风编著：《罗马法词典》，法律出版社2002年版，第112页。

〔2〕［德］亚图·考夫曼：《类推与“事物本质”——兼论类型理论》，吴从周译，学林文化事业有限公司1999年版，第59页。

续表

法条依据	法条内容	拟制内容
《民法典》第 57 条、第 59 条	法人是具有民事权利能力和民事行为能力，依法独立享有民事权利和承担民事义务的组织。 法人的民事权利能力和民事行为能力，从法人成立时产生，到法人终止时消灭。	法人＝人

在我国《民法典》中列举了三种法律主体的拟制，其背后的利益保护大相径庭。

胎儿是否属于生物学意义上的人，是一个有争议的问题，也是存疑利益之所在，涉及伦理、哲学和法律观点的不同立场。不同的法律体系和社会对胎儿的法律保护存在不同的立场和观点。一些法律体系将胎儿视为具有法律权益的主体，认为胎儿在发育过程中具有一定的法律地位和权益。这种观点认为胎儿作为潜在的人类个体，具有受到法律保护的权利，特别是在涉及其生命和健康的情况下。然而，其他观点认为，胎儿在生物学上还没有成为独立的个体，缺乏自主性和道德意义上的人格。因此，将胎儿纳入法律主体范围可能被视为对母亲自主权和人身权利的侵犯。

我国从纯获益角度认可胎儿的民事权利能力，《民法典》第 16 条是标准的法律拟制。首先，创制法律拟制需要有必要性，这里的必要性包含两层含义，一方面确实不存在，另一方面又确实需要法律保护。胎儿正是如此，一方面因尚未脱离母体，无法作为一个独立的人存在；另一方面，经过母体十月怀胎，他确实有机会成为一个独立的人。其次，法律拟制的创制必须遵循事物的本质，只有法律意义上的同“质”，方能构成法律拟制。胎儿确实具有人的属性，未来可以享有权利能力和行为能力。第三，拟制需要符合法的价值，满足公平正义的要求，为将要出生的人保留他应享有的份额符合公平正义的价值。第四，就是法律拟制的谦抑性。这一条规定，若胎儿分娩出时为死体的，其民事权利能力自始不存在。立法者为胎儿保留的仅仅是可能性，而非权利的无限扩张。

将16周岁以上以自己的劳动收入为主要生活来源的未成年人拟制为完全民事行为能力人，意味着他们在法律上可以独立签订合同、承担债务等。这有助于保障他们的合法权益，使他们在经济交往和社会生活中更具有自主性和独立性，但是可能也存在一些潜在的问题和挑战。例如，如何保障未成年人在工作中受到良好的保护，避免因为缺乏经验而受到不公正的对待等。这样的规定通常是基于社会现实和需求考虑而产生的。社会中已经存在大量年满16周岁的未成年人在工作，那么就需要建立相应的法律框架来确保他们在劳动中的权益和责任。此外，一些未成年人可能在年龄较小的时候就表现出较高的个人成熟度和责任感。针对这些个体，法律可能需要提供更多的自主权，使他们能够更好地发展自己的潜能。另外，社会变迁可能导致一些家庭在经济上面临压力，需要依靠未成年人的收入来维持生计。此时，法律可能需要考虑将这些未成年人视为完全民事行为能力人，以便他们能够有效地管理自己的金钱和资源。这样的利益安排实际上是基于社会现实的选择。

对法人进行的主体拟制，虽然也扩充了法律主体的范围，但其考虑的存疑利益与胎儿、未成年人是完全不同的。在法律领域，法人是指被法律承认并具有独立法律地位的组织或实体，可以享有权利和承担义务，类似于自然人的法律地位。法人可以是公司、组织、机构或其他法律实体。法律拟制法人的目的是在法律体系中确立一种能够独立行为、承担责任、享有权益的实体，以便更好地规范和管理社会中的各种经济、社会和组织活动。通过将法人纳入法律主体范围，法律能够赋予法人权利和义务，并规定其法律地位和行为限制，以维护社会秩序、促进经济发展和保护各方利益。法人拥有独立的法律地位，可以与自然人订立契约、参与商业交易、拥有财产、起诉和被起诉等。法人的存在使得经济活动和社会组织能够以一种集体的形式进行，为企业和组织提供了一种法律保护和稳定性。

法人的诞生与海上冒险有一定的关系。在历史上，海上贸易和冒险活动往往伴随着巨大的风险，参与者面临着船只失事、货物损失以及海盗袭击等威胁。为了分散风险和吸引更多的投资者参与海上贸易，人们开始采取一种特殊的组织形式，即成立以航海活动为目的的商业组织，这就是法人的起源之一。在早期的海上贸易中，商人们通常会为每一次航海冒险成立一个独立的商业实体，以分散风险。这些实体由一群投资者组成，共同承担航行风险，并分享航海收益。如果航海冒险失败，每个投资者只承担其出资额的损失，而不会负责整个企业的债务。

这种形式的商业组织为后来的法人提供了模板和经验。随着时间的推移，人们开始意识到，这种商业组织形式的成功可以通过法律的承认和保护来进一步加强。因此，法律逐渐确立了对商业实体的法人地位和权利保护，使其能够独立于其成员存在，并以其自身的名义进行法律行为。此外，法人制度使得经济和组织活动能够长期地延续下去，不受个别自然人的生理寿命限制。通过将企业、组织等构建成法人实体，其存在可以超越个别自然人的寿命，从而实现更长期的经营和活动。法人的存在使得企业能够在不同的自然人所有者之间进行传承和持续经营。这为企业提供了稳定性和可持续性，使其能够在较长的时间内追求经营目标和发展事业。此外，法人的存在也为投资者、合作伙伴和顾客提供了一定的法律保障和信任基础。法人制度到现在已经成为民事法律制度的基础。

三、意思表示拟制之于存疑利益

意思表示是指一个人或实体通过语言、行为、符号或其他方式来表达他们的意图、观点、态度或想法的行为。这是人际交流和社会互动中非常重要的一部分，可以帮助人们理解彼此的意图和情感，从而促进有效地沟通和互动。在法律领域，意思表示是指当事人通过书面文件、口头陈述、行为或其他方式表达其意图、意愿的行为。法律中的意思表示较之于日常生活中的意思表示，要更加明确，“同意”和“不同意”即为法律上极为关键的意思表示。

表 5-2　意思表示的拟制

法条依据	法条内容	拟制内容
《民法典》第 638 条第 2 款	试用买卖的买受人在试用期内已经支付部分价款或者对标的物实施出卖、出租、设立担保物权等行为的，视为同意购买。	出卖、出租、设立担保=购买
《公司法》第 84 条第 2 款	股东向股东以外的人转让股权的，应当将股权转让的数量、价格、支付方式和期限等事项书面通知其他股东，其他股东在同等条件下有优先购买权。股东自接到书面通知之日起 30 日内未答复的，视为放弃优先购买权。2 个以上股东行使优先购买权的，协商确定各自的购买比例；协商不	未答复=放弃优先购买权

续表

法条依据	法条内容	拟制内容
	成的，按照转让时各自的出资比例行使优先购买权。	
《行政许可法》第 50 条第 2 款	行政机关应当根据被许可人的申请，在该行政许可有效期届满前作出是否准予延续的决定；逾期未作决定的，视为准予延续。	逾期未决定=同意

在试用买卖活动中，买受人的出卖、出租、设立担保与购买行为之间并不同质，但显然出卖、出租和设立担保是所有权人才能实施的行为，这样的拟制反映了双方关系的实质。对于出卖人而言，也使其存疑利益更偏向于安全、放心。在公司法中，规定股东不同意转让且不购买股权视为同意转让，这样的规定简化了转让程序，避免了因转让事项需要获得所有股东同意而导致的繁琐和延迟。如果每个股东都必须明确表达同意或不同意的立场，转让程序可能会变得非常复杂和耗时，而这种规定可以避免这种情况。如果某个股东不同意转让股权但又不愿意购买该股权，这可能导致转让事项无法进行，出现僵局。规定不同意且不购买视为同意，确保了转让事项的进行，避免了因为某个股东的反对而阻碍整个公司的运作和发展。股权的转让对于公司和股东来说是一种重要的流动性机制。规定不同意且不购买股权视为同意转让，鼓励了股权的流动性，让股东有更多的灵活性和选择权。这对于股东来说有助于实现投资的流动性，对于公司来说也有助于引入新的投资者和资源。对于各方的存疑利益来说都是更优化的方案。

在行政许可中，该规定确保了被许可人在行政许可有效期届满前能够及时获得决定是否准予延续的权利。如果行政机关未能及时作出决定，而按规定视为准予延续，可以避免被许可人因行政机关的拖延而失去合法的许可权益。这样的规定有助于保障被许可人的权利和合法利益。此外，该规定有助于提高行政机关的工作效率。行政机关在规定的时间内必须对申请进行审查，并作出决定，避免了拖延和不作为的情况发生。这对于行政机关的管理和行政许可工作的顺利进行是有益的。并且，该规定简化了行政许可延续的程序。被许可人只需按规定提出延续申请，行政机关必须在规定时间内作出决定，否则视为准予延续。这样的规定避免了被许可人需要再次提交申请或等待决定的繁琐过程，简化了行政许可的程序，提高了效率。再来，该规定有助于确保行政机关依法行政，按照规定的程序和时限作出决定。行政机关在规定时间内未能作出决定，就被视为准予延续，体现了对行政机关的法定责任和追究机制，促使行政机关依法履行职责，不得滥用行政权力或拖延办事。对申请人来说，存疑利益有了稳定的预期，也增强了对政府的信赖利益。

《行政许可法》第 50 条第 2 款的规定，将存疑利益偏向了被许可人一方，其目的是保护被许可人的权益，确保他们能够及时了解其许可续期的情况，并避免因行政机关未能按时作出决定而导致行政许可中断或失效。在普通公民与行政机关打交道的过程中，确保二者之间的关系健康和平衡非常重要。普通公民应尊重法律和规章，遵守行政机关制定的规定和程序，这有助于维护行政机关的权威性和决策的合法性；当行政机关作出合法的指示或命令时，普通公民应遵守并按照要求执行，这有助于确保行政机关的指导权和执行能力；在与行政机关沟通时，普通公民应提供准确、完整的信息，以确保行政机关基于真实和全面的情况作出决策。在此基础之上，行政机关应当充分保护普通公民的合法权益：行政机关应当提供充分的信息透明度，使普通公民了解他们的权利、义务和行政决策的依据；应当遵循公平和平等的原则，不歧视或偏袒任何一方，让每个公民都享有平等对待和公正的机会；在行政机关由于自身的原因对普通公民的权益可能造成损害时，按照信赖利益保护原则和弱者保护原则，履行自身的职责并尽可能避免损害普通公民的权益。

四、法律行为拟制之于存疑利益

法律行为是指个人或实体根据法律规定所进行的、具有法律效力的行动或活动。法律行为拟制，举例说明，即为某人实施了行为 A，以期产生 A 效果，但法律拟制却规定了实施行为 A 产生 B 效果。这实际上也是对于法律背后的利益的重新定义。本部分将分为实体行为和程序行为两个方面讨论：

（一）实体行为拟制之于存疑利益

实体行为是指具体的、实际的法律行为，即在法律上产生直接影响和效果的行为。这些行为可能涉及权利和义务的建立、变更或终止，大概率会直接影响当事人的权益和法律关系。在法律领域中对于实体行为的拟制，从某种意义上来说，是为了使实体行为背后的目的明确化，以期更好地保护当事人合法利益，或者阻止当事人意图成就非法利益。

表 5-3　实体行为的拟制

法条依据	法条内容	拟制内容
《民法典》第 159 条	附条件的民事法律行为，当事人为自己的利益不正当地阻止条件成就的，视为条件已经成就；不正当地促成条件成就的，视为条件不成就。	条件未成就＝条件成就 条件成就＝条件未成就
《民法典》第 397 条第 2 款	抵押人未依据前款规定一并抵押的，未抵押的财产视为一并抵押。	未抵押财产＝已抵押财产
《民法典》第 888 条第 2 款	寄存人到保管人处从事购物、就餐、住宿等活动，将物品存放在指定场所的，视为保管，但是当事人另有约定或者另有交易习惯的除外。	交付物品＝保管
《招标投标法实施条例》第 40 条	有下列情形之一的，视为投标人相互串通投标： （1）不同投标人的投标文件由同一单位或者个人编制； （2）不同投标人委托同一单位或者个人办理投标事宜； （3）不同投标人的投标文件载明的项目管理成员为同一人； （4）不同投标人的投标文件异常一致或者投标报价呈规律性差异； （5）不同投标人的投标文件相互混装； （6）不同投标人的投标保证金从同一单位或者个人的账户转出。	串通投标的拟制
《民法典》第 571 条第 2 款	提存成立的，视为债务人在其提存范围内已经交付标的物。	提存＝交付

《民法典》第 159 条的规定主要有以下好处：第一，可以防止当事人为了自己的私利而不正当地阻止条件的成就。在某些民事法律行为中，当事人需要满足一定的条件才能获得某种权益或避免某种责任。如果当事人为了自己的私利而故意阻止条件的成就，可能会导致他人的合法权益受到

侵害。这样的规定可以保护他人的合法权益，防止当事人滥用权力或不正当地干扰条件的实现。第二，有助于维护民事法律行为的公平原则。条件的成就对于当事人之间的权益分配具有重要意义，如果当事人通过不正当手段促成条件的成就，可能会导致权益分配的不公平。该规定的设立可以确保条件成就的公正性和合理性，防止当事人通过欺诈、胁迫等手段干扰条件的实现，维护公平交易和公正裁决的原则。第三，对于民事法律行为的效力具有强制性。当事人如果不正当地阻止条件的成就，法律视为条件已经成就，即使事实上条件尚未实现，也要按照条件成就的后果进行处理。相反，如果当事人不正当地促成条件的成就，法律视为条件未成就，当事人不能依据条件享受相应的权益。这样的规定强化了法律对民事行为的约束力，促使当事人遵守法律的规定，维护合法权益和公平交易的秩序。

按照我国的法律规定，动产交付一般来说，是进行所有权转移，而本法条中描述的情况应该最符合社会生活中的真实意图。这样的规定明确了寄存人与保管人之间的法律关系，为存放物品的行为提供了法律认定，规范了保管行为，并为相关争议提供了法律依据。它有助于保护当事人的权益，促进商业交易的顺利进行，同时也为司法机关提供了处理纠纷的准则。串通投标在推定中已有相关条款，在拟制中再一次出现，二者的差别在于，推定中串通投标行为是参与投标的各方实施的行为，而拟制中的串通投标则是参与投标的主体以外的主体协助串通的行为。这样的负利益受到了法律的严格规制。提存视为交付的规定，是为了保护债务人的利益而设立的。这条规定的目的是确保债务人在将财产提存给第三方后，不再承担与该财产有关的风险和责任。一旦提存成立，债务人就不再对财产承担保管责任，而是将责任转移给第三方保管人。债权人需要向第三方保管人主张权益，并在提存范围内行使权利。因此，这个规定保护了债务人的利益，使其在提存成立后不再需要对财产承担保管责任，减轻了债务人的负担。同时，债务人可以通过提存来确保财产的安全和可追溯性，以防止债权人主张未履行债务的指控。提存制度与拟制制度并用，让债务人的存疑利益最高效地转化为确定性利益。这样的制度设计，对于其他的存疑利益安排有良好的借鉴意义。

（二）程序行为拟制之于存疑利益

程序行为是指为了实现特定法律目的而进行的一系列法律步骤、程序或活动。这些行为可能是为了解决争议、寻求司法救济或满足法律要求。例如，提起诉讼、提交证据、文书送达、上诉，等等。程序行为是在法律程序中实施的行为，旨在实现特定的法律目标；而程序行为拟制则是为了平衡法律程序的效力和效率，文书送达就是非常具有代表性的一项。法律文书可能由于种种原因无法让当事人签收，但也不可能因为当事人没有签收，就让法律文书一直无法生效。通过对法律文书送达的拟制，可以保障法律程序的有效性和公正性，以保护各方当事人的合法利益以及法律的权威性。

表 5-4 程序行为的拟制

法条依据	法条内容	拟制内容
《民事诉讼法》第 89 条	受送达人或者他的同住成年家属拒绝接收诉讼文书的，送达人可以邀请有关基层组织或者所在单位的代表到场，说明情况，在送达回证上记明拒收事由和日期，由送达人、见证人签名或者盖章，把诉讼文书留在受送达人的住所；也可以把诉讼文书留在受送达人的住所，并采用拍照、录像等方式记录送达过程，即视为送达。	留置文书=送达
《民事诉讼法》第 95 条第 1 款	受送达人下落不明，或者用本节规定的其他方式无法送达的，公告送达。自发出公告之日起，经过 30 日，即视为送达。	公告 30 天=送达
《行诉解释》第 48 条第 4 款	期间不包括在途时间，诉讼文书在期满前交邮的，视为在期限内发送。	
《行诉解释》第 51 条第 3 款	当事人送达地址发生变更的，应当及时书面告知受理案件的人民法院；未及时告知的，人民法院按原地址送达，视为依法送达。	原地址送达=送达
《刑诉解释》第 495 条	人民法院向在中华人民共和国领域外居住的当事人送达刑事诉讼文书，可以采用下列方式： （1）根据受送达人所在国与中华人民共和国缔结或者共同参加的国际条约规定的方式送达； （2）通过外交途径送达； （3）对中国籍当事人，所在国法律允许或者经所在国同意的，可以委托我国驻受送达人所在国的使领馆代为送达； （4）当事人是自诉案件的自诉人或者附带民事诉讼原告人的，可以向有权代其接受送达的诉讼代理人送达； （5）当事人是外国单位的，可以向其在中华人民共和国领域内设立的代表机构或者有权接受送达的分支机构、业务代办人送达； （6）受送达人所在国法律允许的，可以邮寄送达；自邮寄之日起满 3 个月，送达回证未退回，但根据各种情况足以认定已经送达的，视为送达；	邮寄满 3 个月且未退回=送达

续表

法条依据	法条内容	拟制内容
	(7) 受送达人所在国法律允许的，可以采用传真、电子邮件等能够确认受送达人收悉的方式送达。	

送达拟制的意义在于确保诉讼文书有效送达给相关当事人，以保障其诉讼权利。通过拟制送达规定，可以确保诉讼文书在合理的方式下送达给当事人，防止对方故意逃避接收或以拒收为由否认对诉讼事项的知悉。这样有助于保障诉讼程序的公正性和效力，促进当事人的平等参与和辩护权利的实现。诉讼事务，较之于社会生活中的其他事务，更具有严肃性和权威性，如果法律文书状态一直处于悬而未决，不利于当事人实体上存疑利益的处理。

五、法律事实拟制之于存疑利益

法律事实，是指在法律程序或案件中，为了证明或解决某一问题而需要核实的具体情况、事件、情节。这些事实是案件的基础，对于法律程序的结果和判决具有重要影响。一般情况下，法律事实的确定通常需要通过证据的收集、呈现和审查来完成。但是总存在这样一些情况：一些法律事实没必要查明，一些法律事实查明成本过高，还有一些法律事实穷尽现有的技术手段仍无法查明。法律事实拟制就是消解法律事实不明的一种方法，而这种方法的具体适用过程也是对存疑利益的分配过程。

（一）事实要素拟制之于存疑利益

事实要素是指构成事实情节的基本元素，例如时间、地点等。

表 5-5　事实要素的拟制

法条依据	法条内容	拟制内容
《民法典》第 25 条	自然人以户籍登记或者其他有效身份登记记载的居所为住所；经常居所与住所不一致的，经常居所视为住所。	经常居住地=住所
《民法典》第 469 条第 3 款	以电子数据交换、电子邮件等方式能够有形地表现所载内容，并可以随时调取查用的数据电文，视为书面形式。	数据电文=书面
《民法典》第 1121 条第 2 款	相互有继承关系的数人在同一事件中死亡，难以确定死亡时间的，推定没有其他继承人的人先死亡。都有其他继承人，辈份不同的，推定长辈先死亡；辈份相同的，推定同时死亡，相互不发生继承。	死亡时间不明的，按是否有继承人和辈份推定死亡时间

将经常居所视为住所的规定有利于适应个人的实际情况，简化法律程序，并保护个人的法律权益。将电子数据交换、电子邮件等方式视为书面形式可以推动数字化时代的发展，提高效率和便利性，并确保电子数据的合法性和可靠性。这样的规定有利于促进电子商务的发展，简化法律程序，并适应现代社会对信息处理和传递的需求。在现代生活中，人们流动速度快，信息传递速度也快，法律尽可能地让存疑利益转化为确定利益，有利于社会更安全、更高效地运转。

《民法典》中关于死亡的拟制，是把不确定的事实当作已然发生的事实，是为了解决在继承事务中出现的确定死亡时间难题，并确保继承财产的有序分配。当相互有继承关系的多人在同一事件中死亡时，推定先死亡的人没有其他继承人。这样的规定可以确定继承顺序，避免产生争议和不确定性。在相互有继承关系的多人同时死亡的情况下，推定长辈先死亡符合常理且有助于确保继承财产按照合理的继承顺序进行有序分配。这样可以更好地维护家庭关系和避免继承权益的混乱，推定同辈相互不发生继承可以简化继承程序，避免为同时死亡的人的继承问题耗费过多的时间和资源。在死亡时间存疑的情况下，这一系列的拟制规则有助于维护继承权，并保障死者遗产的有序分配。

（二）“约定不明”拟制之于存疑利益

现代社会复杂程度越来越高，有时在紧迫的时间限制下，当事人可能会急于达成协议，而没有足够的时间来详细讨论和确定所有条款，也有时候约定不明可能是当事人有意为之的策略选择。但是，在大多数情况下，法律并不会因为当事人之间的约定不明而完全不处理。法律拟制是法律面对约定不明时会采用的一种方法，这种方法背后也包含着存疑利益的分配。

表 5-6　“约定不明”的拟制

法条依据	法条内容	拟制内容
《民法典》第 680 条第 2 款	借款合同对支付利息没有约定的，视为没有利息。	没约定利息 = 无利息
《民法典》第 680 条第 3 款	借款合同对支付利息约定不明确，当事人不能达成补充协议的，按照当地或者当事人的交易方式、交易习惯、市场利率等因素确定利息；自然人之间借款的，视为没有利息。	没约定利息 = 无利息
《民法典》第 692 条第 2 款	债权人与保证人可以约定保证期间，但是约定的保证期间早于主债务履行期限或者与主债务履行期限同时届满的，视为没有约定；没有约定或者约定不明确的，保证期间为主债务履行期限届满之日起 6 个月。	没有约定保证期间 =6 个月

续表

法条依据	法条内容	拟制内容
《民法典》第 889 条第 2 款	当事人对保管费没有约定或者约定不明确，依据本法第 510 条的规定仍不能确定的，视为无偿保管。	没约定保管费 = 免费

约定不明的拟制主要用于解决法律不确定性，特别是在缺乏或不明确约定的情况下，以确保权利和义务的确定性。民法作为私法应尊重当事人的意思自治，因此约定优先原则是合理且符合法律原则的。如果没有约定，根据出资额确定收益份额也是合理的做法。如果无法确定出资额，选择等额分配可以作为相对公平的解决办法。通过拟制的方法，巧妙地解决了现实纠纷中一些事实不明确的情况，体现了拟制的决断功能和法律解决争议的重要价值。未约定利息就视为无利息，未约定保管费用就视为免费，这种对存疑利益的推理方式应该是最接近双方真实意思表示的，否则在交易之初，双方就会协商好利息。对存疑利益的合理推测，有利于让人们自发性地守法。对于没有约定保证期限的情况，法律拟制了 6 个月；买卖合同中，未约定检验期限的，法律拟制须在 2 年内提出对货物数量或质量的异议。这样的拟制权衡了债权人、债务人、保证人三方的存疑利益，对三方都是正利益的局面。

（三）“依照处罚较重的规定定罪处罚”之于存疑利益

法律拟制是立法者出于法律经济性的考虑，为避免繁琐的重复创制而使用的立法技术。这是法律拟制的外在理由。然而，法律拟制的内在原因，从逻辑出发，应该是二者具有相似性，因为二者看上去很像，才能把 A 视作 B。但是法律拟制在刑法领域，并不是遵循这个逻辑的。以下面表格中的 17 个罪名为例，触犯了这 17 个罪名的行为如果同时也构成其他犯罪的话，要看结果——哪一个罪名的量刑更重就构成那一个罪名。

表 5-7　处罚结果的拟制 1

1	第 120 之 2【准备实施恐怖活动罪】
2	第 133 条之 1【危险驾驶罪】
3	第 133 条之 2【妨害安全驾驶罪】
4	第 140 条【生产、销售伪劣产品罪】
5	第 142 条之 1【妨害药品管理罪】
6	第 229 条【提供虚假证明文件罪】
7	第 236 条之 1【负有照护职责人员性侵罪】
8	第 260 条之 1【虐待被监护、看护人罪】
9	第 280 条之 1【使用虚假身份证件、盗用身份证件罪】
10	第 286 条之 1【拒不履行信息网络安全管理义务罪】
11	第 287 条之 1【非法利用信息网络罪】
12	第 287 条之 2【帮助信息网络犯罪活动罪】
13	第 291 条之 2【高空抛物罪】
14	第 329 条【抢夺、窃取国有档案罪】【擅自出卖、转让国有档案罪】
15	第 338 条【污染环境罪】
16	第 342 条之 1【破坏自然保护地罪】
17	第 399 条【徇私枉法罪】【民事、行政枉法裁判罪】【执行判决、裁定失职罪】【执行判决、裁定滥用职权罪】

以高空抛物为例，如果从高空抛下以相同的力道和相同的方向多次抛下一枚小球，尚未造成严重后果，但足以危害公共安全的，构成以危险方法危害公共安全罪；如果不小心致人重伤、死亡的，构成过失伤害或过失致人死亡罪，如果没有这么严重的后果的，构成高空抛物罪。如果说量子

力学是因为观察会发生变化，那么这些刑法罪名，就是会因行为结果而发生变化。依照处罚较重的规定定罪处罚的模式在刑法中的存在是为了保证刑罚的适当性、公正性和威慑作用，以维护社会秩序和公共利益。它有助于防止刑事处罚过轻、统一刑事判决标准，并提高刑罚的公正性和一致性。刑法上“从重罪”的拟制方法，相当于将当事人的存疑利益向更不利的方向推动，对于其他社会成员而言，会变成一个更强的负面警示作用。对于通过法律的社会控制，也会取得更好的效果。

（四）“A 罪依 B 罪的规定定罪处罚”之于存疑利益

“行为”是一个集合概念，一个具体的行为可以包含在一个广泛的行为之中。例如，故意伤害是一个含义比较广泛的行为，组织出卖人体器官、聚众斗殴、非法拘禁、强迫卖血都可能构成对他人的故意伤害。如果一个行为涉及多个罪名，按照其中一个罪名定罪处罚，以避免对同一个行为多次定罪和判刑，可以保证刑罚的公平性和合法性。

表 5-8　处罚结果的拟制 2

罪名 A	罪名 B
第 140 条【生产、销售伪劣产品罪】	第 141 条【生产、销售、提供假药罪】
	第 142 条【生产、销售、提供劣药罪】
	第 142 条之 1【妨害药品管理罪】
	第 143 条【生产、销售不符合安全标准的食品罪】
	第 144 条【生产、销售有毒、有害食品罪】
	第 145 条【生产、销售不符合标准的医用器材罪】
	第 146 条【生产、销售不符合安全标准的产品罪】

续表

罪名 A	罪名 B
	第 147 条【生产、销售伪劣农药、兽药、化肥、种子罪】
	第 148 条【生产、销售不符合卫生标准的化妆品罪】
第 210 条【诈骗罪】	第 192 条【集资诈骗罪】
	第 193 条【贷款诈骗罪】
	第 194 条【票据诈骗罪】【金融凭证诈骗罪】
	第 195 条【信用证诈骗罪】
	第 196 条【信用卡诈骗罪】
	第 197 条【有价证券诈骗罪】
	第 198 条【保险诈骗罪】
	第 224 条【合同诈骗罪】
第 232 条【故意杀人罪】	第 234 条之 1【组织出卖人体器官罪】
	第 238 条【非法拘禁罪】
	第 292 条【聚众斗殴罪】
第 234 条【故意伤害罪】	第 234 条之 1【组织出卖人体器官罪】
	第 238 条【非法拘禁罪】
	第 292【聚众斗殴罪】
	第 333 条【非法组织卖血罪】【强迫卖血罪】

这一组是把 B 视为 A，行为人实施了行为 B，在满足一定条件的情况下，行为人实施的行为就转成 A 不再是 B 了。在刑法中采用“A 罪依照 B 罪的规定定罪处罚”的模式可以带来一些好处。第一，简化刑法立法：该模式可以简化刑法的立法过程。通过引用现有的罪行规定和相应的处罚条款，可以避免重新制定和定义新的罪名和刑罚，从而节省时间和资源。第二，确保刑罚的合理性和适度性：通过依照已有的罪行规定定罪处罚，可以确保对

于类似行为的刑罚具有一致性和合理性。这样可以避免对于类似的犯罪行为给予不同的刑罚，保障刑罚的适度性和公正性。第三，统一司法实践：采用该模式可以促使司法实践的统一和一致。当类似的犯罪行为在不同的案件中使用相同的罪名和刑罚，可以减少司法实践中的主观判断和裁量空间，提高司法公正性和预见性。第四。保护法律权威和法治原则：该模式强调了法律的权威性和法治原则。通过引用既有的罪行规定和刑罚，减少了司法机关对于刑罚的主观判断和裁量，减少存疑利益的产生，以法律为依据进行判决，维护了法律的权威性和公信力。

法律拟制在某些情况下可以对存疑利益进行消解。通过法律拟制，法律可以在一定程度上填补法律规定的漏洞或解决法律制度中存在的问题，从而消除存疑利益。法律拟制可以通过设定一种假设或推定，将某种事实或情况视为实际上存在，从而填补法律规定中的空白或不足之处。这样做可以为存疑利益提供一种合理的解释或解决方案，使其在法律体系中得到适当的保护。在法律制度中，不同法律规定之间可能存在矛盾或冲突，导致存疑利益无法得到明确的保护。通过法律拟制，可以设定一种假设或推定，以消解这种矛盾或冲突，使得存疑利益能够得到充分的考虑和保护。此外，法律拟制还可以为存疑利益提供一种权益的认定标准或准则。在某些情况下，存疑利益可能涉及一些主观或复杂的因素，难以明确界定或判断。通过法律拟制，可以设定一种假设或推定，为存疑利益的认定提供一种明确的标准或准则，保障立法简洁，从而解决争议或不确定性。然而，需要注意的是，法律拟制并非完全解决存疑利益的方法，它只能在一定程度上提供合理的解释或处理方式。在实际应用中，法律拟制可能存在一些局限性和争议，需要谨慎使用和解释，以确保其在司法实践中的公正和合理性。此外，对于涉及重大权益或影响广泛的存疑利益，可能需要进一步的法律修正或立法措施来确保其得到充分的保护和处理。

第六章

自由裁量对于存疑利益的再次分配

如果说“推定”和“拟制”是法律文本中分配存疑利益的方法，那么自由裁量就是在法律适用过程中，法律分配存疑利益的方法。也正因此，自由裁量才被看作是再次分配。“法经由社会习惯或法院的判例形成并经国家认可后，司法机关将法的抽象的、一般的规范，对照应用于具体个案的事实、情节，通过法律解释等过程，依照法定程序，进行审理，作出判决，实现法律的目的，这就是法的适用。”〔1〕法律适用一般需要经过法律事实的认定、个案规范的选择、是否符合宪法规定和精神的检验及作出裁判四个步骤，“目光在事实与法律规范间‘来回穿梭’是法律适用的普遍特征”〔2〕。本章将通过对自由裁量的类型化讨论，来分析法律对存疑利益的分配。

〔1〕 郭道晖：《法理学精义》，湖南人民出版社 2005 年版，第 271 页。

〔2〕［美］E·博登海默：《法理学：法律哲学与法律方法》，邓正来译，中国政法大学出版社 2004 年版，第 297 页。

一、存疑利益与自由裁量

“裁量通常是指受某规则管辖的某人有权在几种可采取的行为中作选择。”[1]裁量权可以分为质的裁量、量的裁量和综合裁量三种形式。自由裁量就是包含着质的裁量和量的裁量的综合裁量。为何需要裁量呢？在戴维斯看来，主要源于两个因素：一是规则需要裁量作补充，二是裁量有利于实现个别正义。[2]

自由裁量权是指，在法律规范不明确、适用的具体情况不确定、法律规范的解释存在争议等情况下，法官依据自身的判断、经验和价值观念，对案件作出判断的权力。“当法律出现模糊不清和令人怀疑的情形时，法官就某一解释方法的‘是’与‘非’所持有的伦理信念对他解释某一法规或一条业已确立的规则适用于某种新的情形来讲，往往起着决定性的作用。”[3]

法官面临着各种挑战和抉择。首先，法官需要审慎权衡各方的利益和权益，尤其是涉及存疑利益的情况下。在面对存疑利益时，法官必须在保护当事人权益和公共利益之间寻求平衡，确保公正和合理的判决。其次，法官需要考虑案件的社会和政治背景，以及公众的期望和价值观。司法判决不仅仅是对当事人之间的纠纷的解决，还涉及社会和公共利益的考量。法官必须审慎思考案件对社会的影响，遵循法律精神和公共道德标准，以

---

〔1〕［美］弗里德曼：《法律制度》，李琼英、林欣译，中国政法大学出版社 1994 年版，第 36 页。

〔2〕［美］肯尼斯·卡尔普·戴维斯：《裁量正义》，毕洪海译，商务印书馆 2009 年版，第 15 页。

〔3〕［美］E·博登海默：《法理学：法律哲学与法律方法》，邓正来译，中国政法大学出版社 2004 年版，第 399 页。

确保判决的公信力和可接受性。此外，法官还需要处理不确定性和信息不对称的问题。在某些情况下，案件中可能存在缺乏充分证据或信息不完整的情况。法官需要运用逻辑推理和推定规则，从有限的证据中推断出最有可能的事实和情况，并基于这些推断做出决策。最后，法官还需要考虑先例和判例的适用。司法系统通常依赖于先前的判决和法律解释作为指导，以确保司法决策的一致性和稳定性。然而，对于存疑利益的案件，先例的适用可能存在挑战。法官需要在尊重先例的同时，灵活应对案件的特殊情况，确保判决的公正和合理性。为排除司法的任意性和武断，法官必须通过程序进行思考和决策。他们习惯于在双方对簿公堂的状态下听取不同的意见，以达到兼听则明的效果。兼听则明是指从对立的意见中寻找最佳解决方案，并通过程序中的解释和论证将其转化为具有规范效力的共识或决定。〔1〕

在现实生活中，确实存在一些绝对的裁量权，例如国家元首的赦免权和最高人民法院的复核权等。这些权力在现代政府中无法完全被摒弃。裁量权被视为一种工具，对于处理个别化的正义问题来说是不可或缺的。在某些情况下，规则本身无法完全适用或解决现代政府和正义面临的复杂问题。因此，裁量权被认为是政府和法律创造性的主要来源之一。裁量权允许法官或政府机构根据特定情境和需求作出判断和决策，以实现公正和公平。在面对特殊案例、法律缺陷或不完善的情况下，裁量权允许决策者在法律框架内灵活运用法律原则和价值观，以便做出符合公众利益和正义要

〔1〕 参见季卫东：《法律职业的定位——日本改造权力结构的实践》，载《中国社会科学》1994 年第 2 期。

求的决策。然而，裁量权的行使也应受到一定的限制和约束，以防止滥用和不当行为。透明度、公正性和适度性是裁量权行使的重要原则。政府和法律制度应确保裁量权的行使在法律规范和程序的指导下进行，以避免任意或恶意的裁决。综上所述，裁量权在现代政府和正义体系中具有重要作用。它是对于复杂问题和个别情况下的合理决策的必要工具。然而，裁量权的行使需要在适当的制度和原则框架下进行，以确保其合法性、公正性和透明度，从而维护公众信任和社会稳定。

在法律中，寻求真相通常是一个重要的目标，尤其是在证据法和诉讼程序中。法律系统的基本原则之一是确保公正和公平的司法程序，其中一个核心要素是为了确定案件中的真相。法庭和法官在审理案件时会努力收集和评估证据，以找出真相并做出合理的判断。然而，法律是一个复杂的领域，目标不仅仅局限于追求真相。法律还涉及平衡不同利益和权益之间的关系，包括保护公众利益、维护社会秩序、保护个人权利等。法院不能拒绝裁判，而且司法程序要求法院及时公正地作出裁判。即使面对事实不清、法律模糊且无法获得确定性的情况下，法律也必须给出结论。为了实现个案公平，法律既需要具有较高的确定性以维护秩序和规范，又不能过分追求确定性而陷入制度僵化的困境。为了平衡这一矛盾，法律应当赋予法官一定程度的自由裁量权，以便在具体案件中灵活运用法律，确保公正和公平。法律的确定性和灵活性相互交织、相互制约，共同推动着法律制度更好地适应社会生活的复杂性和变化性〔1〕。

---

〔1〕 参见周少华：《法律之道：在确定性与灵活性之间》，载《法律科学（西北政法大学学报）》2011 年第 4 期。

自由裁量权可以涵盖广泛的法律领域，包括法律解释、证据的评估、刑事量刑、民事赔偿的确定以及合同解释等。法官在这些领域内根据具体案件的事实和法律规定进行判断，并根据自己的理解和判断作出裁决。这些广泛的领域背后都包含着利益，因而，“法律意义上的自由裁量就是有关利益分配的判断，而凡是不涉及利益分配的判断，就不可以看作是法律意义上的自由裁量”〔1〕。

“对相互对立的利益进行调整以及对它们的先后顺序予以安排，往往是依靠立法手段来实现的。由于立法是一般性的和指向未来的，所以一项成文法规可能会不足以解决一起已经发生利益冲突的具体案件。如果这种情况发生，那么就可能有必要确定相关事实并就相互对立的主张中何者应当得到承认的问题作出裁定。”〔2〕这也是自由裁量在具体案件裁判中不可或缺的重要原因。

自由裁量权是指法官在特定情况下根据自己的判断和酌情考虑，决定如何应用法律规定和解决案件的权力。这种权力赋予了法官一定的自主性，使其能够根据案件的具体情况和背景做出合理的决策。赋予法官自由裁量权的目的是让法律适用于个案，并使法律保持灵活性，与实际情况相符。每个案件都可能有不同的事实和情况，严格按照刻板的规定可能无法公正地解决问题。自由裁量权使法官能够根据案件的具体细节和相关因素来决定如何应用法律，并考虑到公正、公平、实际情况和公共利益。由于解释的随意性，法学研究者们甚至调侃“解释是一个旅行皮箱一般的词，

〔1〕 周安平：《常识法理学》，北京大学出版社 2021 版，第 237 页。

〔2〕［美］E·博登海默：《法理学：法律哲学与法律方法》，邓正来译，中国政法大学出版社 2004 年版，第 416 页。

它是如此具有包容力，以至于几乎所有法院对文本做的事情、用文本去做的事情，无不可视为语义上可允许的乃至正统的意义上的解释”。[1]此外，自由裁量权还使法律保持灵活性。社会和人类行为在不断变化，新情况和新问题的出现需要灵活的法律应对。自由裁量权使得法官能够根据社会变化和新兴问题的出现作出相应的裁决，以保持法律的实用性和现实适应性。通过赋予法官自由裁量权，法律能够更好地适应个案的特殊性，保持灵活性，并与实际情况相符，从而促进公正和合理的司法决策。

二、自由裁量的不同类型对于存疑利益的分配

自由裁量根据其行使方式和行使空间，可以分为区间型、类比型、方向型和开放型四种类型。

（一）区间型自由裁量对于存疑利益的分配

区间型自由裁量是指法律规定了一个区间范围，在这个范围内，决策者可以根据具体情况和判断自由选择合适的决策。这种自由裁量给予了决策者相对较大的灵活性和裁量空间，允许根据具体情况作出不同的决策，而不是被限制在唯一的确定性规定下。区间型自由裁量通常适用于刑罚。

---

〔1〕 Richard A. Posner, “Legislation and Its Interpretation: A Primer”, *Nebraska Law Review*, 431, 448, 68 (1989).

表 6-1　区间型自由裁量

法条依据	法条内容
《刑法》第 120 条第 1 款	组织、领导恐怖活动组织的，处 10 年以上有期徒刑或者无期徒刑，并处没收财产；积极参加的，处 3 年以上 10 年以下有期徒刑，并处罚金；其他参加的，处 3 年以下有期徒刑、拘役、管制或者剥夺政治权利，可以并处罚金。
《治安管理处罚法》第 51 条第 1 款	冒充国家机关工作人员或者以其他虚假身份招摇撞骗的，处 5 日以上 10 日以下拘留，可以并处 500 元以下罚款；情节较轻的，处 5 日以下拘留或者 500 元以下罚款。

在刑法关于组织、领导、参加恐怖组织罪的规定中，设有三个刑档分别针对组织者、积极参加者和其他参加者，区间幅度分别为 10 年以上，3~10 年，和 3 年以下。需要指出的是，法官的自由裁量权区间通常没有这么大，在一个刑档，例如 3~7 年中，会根据犯罪行为的各个要素再划分更细致的刑档，例如 3~4 年，3~3.5 年。这个细档范围内，才是法官的自由裁量范围，法官会根据每个案件的具体情况决定最终的刑罚。在治安管理处罚法中，冒充国家机关工作人员或者以其他虚假身份招摇撞骗的，可以进行拘留和罚款两项处罚。拘留和罚款都是区间型自由裁量。法官在区间范围内，对存疑利益拥有绝对权力。

（二）类比型自由裁量对于存疑利益的分配

类比型自由裁量是指在法律中存在一种相似情况的规定，但在该规定并未明确适用于当前具体情况的情况下，决策者可以通过类比推理的方式进行裁量决策。类比型自由裁量的规范依据通常为“举例+等+限定概念”结构。

表 6-2　类比型自由裁量

法条依据	法条内容
《道路交通安全法实施条例》第 62 条第 3 项	驾驶机动车不得有下列行为：…… （3）拨打接听手持电话、观看电视等妨碍安全驾驶的行为； ……
《保险法》第 88 条	保险公司聘请或者解聘会计师事务所、资产评估机构、资信评级机构等中介服务机构，应当向保险监督管理机构报告；解聘会计师事务所、资产评估机构、资信评级机构等中介服务机构，应当说明理由。

类比型自由裁量的裁量规则比区间型复杂一些，里面包含例子和限定概念，法官要做的判断就是，具体案件中的事实是否符合裁量规则确定的例子和限定概念之间的关系。上表中关于保险法中的裁量规则相对好理解，例子是会计师事务所、资产评估机构，限定概念为中介服务机构，这二者之间的关系，还是比较容易进行类别推理的。然而，道路交通安全法实施条例当中的这组行为就不太好进行推理判断了。它的例子是拨打接听手持电话、观看电视，限定概念为妨碍安全驾驶的行为。妨碍安全驾驶的行为，是一个很模糊的概念。人们甚至可以说，除了专心一致开车之外的所有行为，都可以被认定为是妨碍安全驾驶的行为。从立法例中给出的一个例子——观看电视，人们可以较为清晰地推断，看电视这项行为过于分心，司机的视线无法关注道路，这样开车过于危险，所以类似这样的行为属于妨碍安全驾驶，没有什么争议。立法例中的另一个例子是拨打接听手持电话。这里的关键词在于“手持”电话。立法例中特意强调“手持”，似乎是在告诉我们，用免提或者耳机拨打或接听电话，都是可以被允许的，但“手持”物品不可以。这也许是因为手离开方向盘，不是安全驾驶的行为。

那么，抽烟呢？抽烟算是妨碍安全驾驶的行为吗？笔者非常讨厌吸烟的行为，但在这个场景中，笔者认为虽然抽烟需要“手持”，但对于吸烟的人来说，吸烟不会分散注意力，反而是会提神、保持清醒，让驾驶更安全。因此，如果笔者是法官，在这类案件的裁判中，对吸烟人士来说就比较有利了。但笔者毕竟不是法官，也不可能所有的法官都和笔者是同样的想法。碰到一个持什么观点的法官也许就是这个案子中最大的存疑利益了。

（三）方向型自由裁量对于存疑利益的分配

方向型自由裁量是指法律对某一行为或情况给予决策者一定的决策方向或指导，但并没有明确规定具体的标准或要求。在方向型自由裁量中，法律规定了一些原则、目的或指引，以引导决策者在特定情况下做出适当的裁量决策。决策者在考虑具体情况时需要参考法律的目的和原则，以确定最合理的决策方向。方向型自由裁量的规范结构通常是“按照XX原则”。

法律中的一般条款，例如诚实信用原则、公序良俗原则、禁止权利滥用原则、情事变更原则等，立法者并没有明确规定其具体特征，而是为法官指明了一个指导方向，要求他们在裁判时朝着这个方向进行。具体在这个方向上法官能够走多远，则交由法官自行判断。这些条款并非给予法官一套逻辑操作步骤，而是为他们提供一个基本框架，让他们根据案件的具体情况和价值判断，以自己的专业判断和酌情考虑来确定最合理的裁决。这样的安排旨在充分发挥法官的自由裁量权，使其能够灵活应对多变的情况，以实现公正和合理的司法决策。〔1〕

〔1〕参见梁慧星：《民法解释学》，中国政法大学出版社1997年版，第292页。

表 6-3　方向型自由裁量

法条依据	法条内容	原则内容
《民法典》第31条第2款	居民委员会、村民委员会、民政部门或者人民法院应当尊重被监护人的真实意愿，按照最有利于被监护人的原则在依法具有监护资格的人中指定监护人。	按照最有利于被监护人的原则
《民法典》第142条第1款	有相对人的意思表示的解释，应当按照所使用的词句，结合相关条款、行为的性质和目的、习惯以及诚信原则，确定意思表示的含义。	按照所使用的词句，结合相关条款、行为的性质和目的、习惯以及诚信原则
《民法典》第288条	不动产的相邻权利人应当按照有利生产、方便生活、团结互助、公平合理的原则，正确处理相邻关系。	按照有利生产、方便生活、团结互助、公平合理的原则
《民法典》第322条	因加工、附合、混合而产生的物的归属，有约定的，按照约定；没有约定或者约定不明确的，依照法律规定；法律没有规定的，按照充分发挥物的效用以及保护无过错当事人的原则确定。因一方当事人的过错或者确定物的归属造成另一方当事人损害的，应当给予赔偿或者补偿。	按照充分发挥物的效用以及保护无过错当事人的原则

方向型自由裁量比起类比型自由裁量来说，自由的空间更大了，裁判规则只提供了限定概念，连可以用于类比的例子都没有提供，法官需要凭借自身对于法律的理解，对具体的案件场景做出判断。“实际上，即便在不同的价值理想之间存在一般性的优先次序，它们在具体个案中的最终排序仍有可能调整。”〔1〕对于普通民众来说，“人们的行为大多是依据其对有效法律的（有限）知识和其道德信念、公平感、理性等。他们通常并不期

〔1〕 陈坤：《论法律解释目标的逐案决定》，载《中国法学》2022年第5期。

待法官按字面意义适用法律，因为他们甚至不知道这些文本的存在。他们至少模糊期待的是一个合理（即公平）的司法裁判。”[1]对于法官而言，除去裁判规范当中明确指向的原则之外，公平合理也是法官心中不变的分配存疑利益的原则。

（四）开放型自由裁量对于存疑利益的分配

当法律规范无法明确适用于某个案件事实，并且适合的非正式社会规则也不存在时，法官只能根据其个人的善意、主观认知、价值观以及政治立场等因素对当前案件事实作出裁判，此即开放型自由裁量。开放型自由裁量对于应对新兴权利以及无法单纯依据法律条文来判断的案件具有重要意义。

随着社会的发展和变化，新兴的权利和价值观可能会出现，法律需要适应这些变化来保护个人和社会的利益。开放型自由裁量就是让法律制度和新兴权利接轨的一种方法。“祭奠权”在我国的发展历程就是例证。

通过对威科先行法律数据库的检索可以发现，我国自 2001 年开始就有涉及祭奠权的诉讼。其中 2001 年至 2018 年有 422 起，2019 年有 81 起，2020 年有 121 起，2021 年有 61 起，2022 年有 26 起。从早期大多数法官认为其不属于法院受理范围，到近期越来越多的法院对此类案件做出实体判决。在近期的一起案件判决书中，法官写道：

中华传统文化注重“慎终追远”，祭奠事宜历来备受重视。《礼记·祭

〔1〕［比］马克·范·胡克：《法律的沟通之维》，孙国东译，法律出版社 2008 年版，第 208~209 页。

统》存载："礼有五经，莫重于祭。"《论语·为政》将"孝"解释为："生，事之以礼；死，葬之以礼，祭之以礼。"祭奠是指公民基于亲属关系等而产生的对死者表示追思和敬仰的权益。墓碑是具有人格象征意义的特定纪念物品，不仅是死者安葬地之标志，还是生者扫墓祭祖，缅怀先人之物质载体。墓碑署名体现署名人与死者特定的身份关系，暗含对血脉相承、亲族关系的认可和对该子女孝与不孝的道德评价，既涉及生者对死者寄托哀思、寻求心理宽慰的行为自由，又关系生者"认祖归宗"的身份认同和社会评价等人格尊严。

墓碑署名权益虽未成为《民法典》第990条列举的具体人格权，但因其与人格自由、人格尊严密切相关，符合我国传统伦理和善良风俗，属于应予以法律保护的"其他人格利益"范畴。[1]

新兴权利的问题随着社会的变革和发展不断涌现，现有的法律框架可能无法完全适应新的情况和需求。因此，法律需要不断演进和调整，以使权利得到充分保障和实现。法律的变化可以涉及权利的扩大、限制或重新定义。例如，随着社会意识的进步，人们对个人隐私的关注不断增加，法律可能需要增强对隐私权的保护。同样，随着科技的发展，数字领域的权利问题也日益凸显，法律需要相应地跟进和调整，以确保个人在数字环境中的权利得到充分尊重和保护。权利的变化也可以反映社会的观念和价值观的转变。社会对于平等、多样性、人权等价值的认识不断深化，法律需要相应地反映这些变化，以保障各个群体的权利平等和尊重。因此，开放

〔1〕（2023）鄂01民终491号民事判决书

型自由裁量权的存在显得尤为必要。

此外，在本书的第四章中提到的思想实验的案情也是一个需要适用开放型自由裁量，无法单纯依据法律条文来判断的案件。在这种案件中“做出一个恰当的选择是一项非常困难的任务，这项任务对法官的权力提出了比仅仅适用法律更高的要求”。〔1〕

回顾一下案情：甲去法院告乙，诉称乙向自己借了xx元至今未还，要求乙还钱并提供了证据——一张乙亲笔手写的欠条。乙参与法庭审理时，辩称甲没有把钱实际借给自己，并解释该欠条确实为自己亲笔手写，但写欠条的原因是甲说必须先写欠条才能把钱借给自己，但在自己写完后甲拿着欠条就跑了并没有把钱给自己。这是一起简单的借款纠纷案件，法律规范也简单明确，即欠债还钱。但问题是借款是否实际发生了呢？面对这样的案件，法官应当如何裁判呢？

在这个思想实验的案例中，唯一没有明确的条件就是甲乙争议的数额是多少。我们设想一下，如果甲主张乙向他借了100元，那么根据现有条件，我们都会做出相同的判断：支持甲的诉讼请求，乙应当还给甲100元。我们再设想一下，如果甲主张乙向他借了100万元，其他的条件不变，法官会如何裁判呢？估计我们还是会做出相同的判断，甲提供的证据不足，自行承担败诉后果。因为，按照常理，我们很难想象，在出借100万资金这么大额的款项时，没有任何其他证据可以佐证。

真正的问题来了：从借款100元支持甲，到借款100万元支持乙，那

---

〔1〕［奥］尤根·埃利希：《法律社会学基本原理》，叶名怡、袁震译，中国社会科学出版社2009年版，第95页。

么，在什么时候，应该从支持甲改为支持乙呢?

“情境的特定性会使普遍性的道德观念具体化，如此一来，原本可能比较清晰的价值顺序就会产生错综复杂的变化。”[1]正是在这个意义上，霍姆斯说，“没有任何具体的命题是不证自明的……关于重要性的评判因时间、地点的不同而变化”[2]。在此情况下，案件无法再作抽象的判断，案件的审理者需要亲临审案现场，亲自观察当事人的神态和表情，亲自听取双方的陈述。在这个亲身经历的过程中，法官会通过自己的直接感知来形成内心的确信，进而作出裁决。这样是为了使法官能够获得更多的信息和直接的体验，以便更全面地了解案件的实际情况。

通过亲临现场，法官可以观察当事人的面部表情、肢体语言等非语言因素，从中获取更多的线索和信息，对案件的真实性和可信度有更准确的判断。同时，法官还可以亲自倾听当事人的陈述，理解他们的观点、意愿和情感，进一步把握案件的核心问题和各方利益的关系。通过亲身经历，法官可以更好地感知案件中的细节和复杂性，对案件的相关事实和证据有更深入的理解。这种直接的参与和感知，可以增加法官对案件的信心和确信度，从而在判决过程中更加准确地权衡利益、评估证据，并作出公正和合理的决策。

“一切有权力的人都容易滥用权力，这是万古不变的一条经验。有权力的人们使用权力一直到遇到有界限的地方才休止。”[3]权力滥用是一种普遍存在的问题，适用于所有具有权力的人，当然也包括法官在内。自由

---

〔1〕 陈景辉:《规则、道德衡量与法律推理》，载《中国法学》2008年第5期。

〔2〕 Oliver W. Holmes, “The Path of the Law”, *Harvard Law Review*, 457, 466, 10 (1897).

〔3〕 [法] 孟德斯鸠:《论法的精神》(上册)，张雁深译，商务印书馆1961年版，第154页。

裁量的类型化某种意义上其实也是对自由裁量的限制。

存疑利益的存在通常会增加法官的责任和限制，从而对法官的自由裁量权产生一定的约束。存疑利益的存在意味着在法律适用过程中存在不确定性和争议性。这使得法官在权衡和决策时需要更加谨慎和审慎。法官必须综合考虑各种相关因素，包括法律规定、先例、法律原则、案件事实等，以便做出公正和合理的裁决。这些因素的考量使得法官的自由裁量权受到限制。当存疑利益存在时，法官不能完全自由地根据个人意愿或偏好做出裁决。相反，他们需要在法律的框架内权衡各种利益和观点，尊重法律的规定和司法原则。法官需要根据现有的法律体系和法律解释准则来解决存疑利益，确保裁决的合理性和合法性。因此，存疑利益的存在并不意味着法官可以更自由地发挥自己的裁量权。相反，它对法官的自由裁量权产生了一定的制约和限制，要求他们在处理存疑利益时更加谨慎和遵守法律的规定。法官需要在权衡利益、解释法律、维护公正等方面做出明智的决策，以确保法律的正确适用和公正实施。

三、个案正义对于存疑利益的权衡

许多学者认为社会目标的多样性是存在的，而法律应该努力在这些不同目标之间寻求平衡。[1]社会是由各种不同的利益、价值观和优先事项构成的，因此法律的目标应该是尽可能地考虑和平衡这些多样的利益。法律的目的是在社会中创造秩序和公正，并为人们提供一个相对稳定和可靠的

〔1〕 参见［美］本杰明·卡多佐：《司法过程的性质》，苏力译，商务印书馆2000年版，第43~44页。

框架来解决冲突和争议。在这个过程中，法律必须权衡不同的权益和利益，以达到一种公正和合理的平衡。这可能涉及保护个人自由和权利、促进社会公益、维护公平竞争、确保经济繁荣等多个方面。然而，平衡多元后果并不意味着法律可以满足每个人的需求和期望。这是因为不同的社会目标之间可能存在矛盾和冲突，而法律的资源和手段是有限的。因此，在制定和解释法律时，决策者通常需要考虑社会中不同利益之间的相互影响，并寻找最为公正和合理的解决方案。在某些情况下，法官可能面临多个权益冲突或复杂情况，需要在不同权益之间寻找一种公正和合理的平衡。法官的工作就是妥协，"以某种方式调和相互冲突的目标"〔1〕。

在社会伦理和法律伦理中，不同的价值理念可能会被赋予不同的重要性或优先级。例如，有些人可能认为个人自由和隐私是最重要的，而另一些人可能认为公共安全或社会利益更为重要。在一般情况下，社会或法律体系可能会采取一种优先次序，将某些价值观或原则置于其他价值观之上。然而，具体的个案可能会引发不同的考量因素和权衡。例如，一项涉及言论自由的案件中，法院可能需要权衡个人言论的自由权益与其他权益（如公众安全或他人权益）之间的关系。在这种情况下，法院可能会根据具体的事实和证据，以及相关的法律规定，对这些权益进行重新排序或调整〔2〕，以寻求在该特定案例中最为合理和公正的决策。

法官在处理案件时，通常会行使一定的自由裁量权，即在法律的框架内根据具体情况做出裁决。为了保证裁判的合理性，法官不仅需要遵循法

〔1〕 参见［美］A. L. 考夫曼：《卡多佐》，张守东译，法律出版社2001年版，第229页。

〔2〕 参见陈坤：《论法律解释目标的逐案决定》，载《中国法学》2022年第5期。

律方法论的相关原则和具体要求，还需要考虑法律之外的因素，如情理。这意味着法官需要综合考虑案件的具体情况、公平正义等因素，而不仅仅依靠法律规定来做出决定。尽管考虑法律之外的因素是必要的，但需要特别注意防止司法腐败的出现和法官滥用自由裁量权。司法腐败可能导致裁判失去公正性和中立性，而滥用自由裁量权可能会损害司法公正。因此，法官在行使自由裁量权时应谨慎，并遵循法律的规范性和客观约束，以确保裁判的合理性和维护司法公正。绝对主义自由裁量观是指法官应该完全基于所有有效的理由来做出裁决，而不考虑法律、先例、习惯或其他标准的适用性。然而，这种观点常常否定了法律的规范性和法院依法司法的义务，属于一种极端的自由裁量观。在实践中，法官不能仅仅依据个案事实的绝对差异性来倡导一案一裁，因为这违背了法治的基本原则和个案司法对法律秩序的要求。法律的事实约束性主要体现在客观规律性、常识常理和现实条件等方面。夸大法律事实性与规范性之间的紧张对立是一种极端的法律虚无主义和法律工具主义的司法观。这意味着在行使自由裁量权时，法官应该综合考虑法律事实和规范的统一性，避免将其割裂开来。

总的来说，司法判决是一个复杂而动态的过程，要求法官在法律程序中运用智慧和公正，查明事实、确定适用法律、做出决策，并最终形成具有约束力的文书。在面对存疑利益时，法官需要权衡各方利益，并确保判决的公正性、合理性和合法性，以实现法律的公正和社会的正义。在法律体系中，法官的中立性和对法律规则的准确解释至关重要，它们确保了公正和法治的实现。科亨就认为：“真正现实主义的司法决策理论必定认为每项决定不仅仅是个人人格的表达，还是……社会决定的产物。”[1]

关于法律解释的恰当标准或元规则，学界尚未达成普遍共识。这意味着在法学领域中，不同的学者和法律体系可能会采取不同的法律解释方法和原则。这种缺乏一致性的情况可能导致研究者在法律解释领域遇到一定的瓶颈，难以建立起广泛认可的理论框架。围绕法律解释的恰当标准或元规则似乎尚未形成普遍共识，当前法律解释学面临研究瓶颈。[2]一些学者对现有的法律解释文献持批评态度，认为其中存在大量冗长、晦涩难懂的内容，并缺乏实质性的观点和深入的讨论。这些学者认为这些文献不是真正有助于理解和解决法律解释问题的实质性研究成果。

由于法律涉及善良和公正等终局性问题的思考，法律的不确定性是不可避免的。在处理复杂案件时，法官可能需要对何谓善良和何谓公正等问题进行探讨，这增加了法律的不确定性。法官在行使自由裁量权时必须持有绝对审慎和高度怀疑的态度，以准确判断法律规范的意旨。这意味着法官需要对案件进行仔细思考，并从不同的角度和法律观点进行综合权衡。在处理复杂案件时，法官通常需要同时借助法条主义司法的顺推法和后果主义司法的逆推法相互验证，以得出更可靠的裁量结论。这两种审判模式在构建裁量理由的路径上存在差异，但在裁量正义的实现中，它们可以相互补充，使得裁量结论更加可靠。法律方法论是法官在依法裁判中需要遵循的司法技术要求，也是自由裁量规范化展开所需遵循的司法技术要求。

---

〔1〕 Felix S. Cohen, "Transcendental Nonsense and the Functional Approach", *Columbia Law Review*, 809, 843, 35 (1935).

〔2〕 See James Landis, "A Note on, Statutory Interpretation", *Harvard Law Review*, 886, 886, 43 (1930).

它旨在从法律的内在立场出发构建个案裁量理由，以确保自由裁量权的科学行使。在处理常规案件时，法官的自由裁量权通常是有限的，主要涉及选择裁量的依据、确定裁量范围内的幅度和程度等方面。然而，在处理复杂案件时，法官需要进行综合性的判断，涉及法律思维和法律判断，这是自由裁量权的重要问题。自由裁量权在价值判断层面上具有重要作用，它有助于促进当事人达成和解并增进社会团结。通过在各种公平标准之间达成妥协，自由裁量权可以帮助解决争议，并在一定程度上满足不同利益之间的平衡。

法官自由裁量的过程也是对法律的解释过程。解释准则在法律领域被视为法院判断立法含义的经验法则〔1〕，但它们也代表着法院的惯例性司法政策。解释准则是法律领域中用于确定法律含义和解释法律条文的指导原则。它们通常被法院视为判断立法意图和目的的经验法则。解释准则的目的是帮助法院解释法律条文并确定其适用范围。这些准则可以包括字面解释、历史背景、立法目的、制定者意图、法律体系的整体架构等。法院通常根据这些准则来理解和解释法律，以便做出正确的裁决。然而，这些解释准则也可以被视为法院的惯例性司法政策。法院在长期的司法实践中形成了一系列关于解释法律的方法和原则，这些方法和原则可以逐渐演化为一种惯例性的司法政策。法院可能倾向于根据这些惯例来解释法律，以保持司法一致性和连贯性。因此，解释准则既是法院用于判断立法含义的经验法则，也代表了法院的惯例性司法政策。它们在法律解释和司法决策

〔1〕 See William N. Eskridge, "Norms, Empiricism, and Canons in Statutory Interpretation", *The University of Chicago Law Review*, 671, 679, 66 (1999).

中发挥着重要的作用，帮助法院解决法律条文的含义和适用问题。然而，这些准则并非刻板规定，法院在具体案件中仍需综合考虑各种因素，包括案件的具体背景、社会变革、法律发展等，以做出符合公正和实际需要的裁决。

规则正义强调法律形式公正，即按照法律规则和程序进行判断和决策。裁量正义则关涉到个案实质公正的实现，即在具体案件中考虑案件的特殊情况和背景来作出公正的裁决。为了防止自由裁量权被滥用或误用，需要借助法律方法论提升法官对自由裁量权行使的能力和水平。同时，裁量正义应具有可检验性和可评判性，以确保裁判决策是可验证和可评估的。司法理性具有有限性，但这并不意味着普遍怀疑主义。裁量理性应建立在正确适用法律的基础上，以守法主义的司法立场为基础，追求自由裁量结论的可预测性和稳定性。裁量理由的构建是确保裁量正义实现的关键。它包括法律理由和实质性理由，以防止法官滥用自由裁量权。实质性理由在裁量正义的建构中起着重要作用，通过实现个案的实质公正来提升司法的公信力，避免机械主义和司法不公正的出现。

法官的自由裁量权并不等同于绝对主义或随意自我决断权。合理性评价要建立在法官对所有相关因素的充分权衡基础上。合理性具有相对客观性，是平衡各种利益和化解社会冲突的桥梁。为了构建司法判决的合理性并追求裁量正义，法官需要坚持法治原则和司法原则，尽量减少不必要的裁量，并更好地规范必要的裁量。在司法裁判中，自由裁量权不仅是维护法律灵活性的现实需要，也是通过实现裁量正义来不断完善和发展法律的现实需要。法律方法论可以提升法官自由裁量的能力，但法官的裁量权总是需要通过对各种要素的综合权衡来确立相对较好的裁决结果。

例如，商标的相似性侵权，在法律实践中一直是一个难题。因为规则很简单：相似构成侵权，不相似则不构成侵权，关键是怎么判断相似，一模一样可以构成侵权，那么不相似需要达到怎样的程度，才算相似，才能构成侵权呢？每隔几年总会有热心网友替“本田”汽车出来站台，说“现代”汽车属于“傍大款”，使用和“本田”车高度类似的车标。“本田”的车标和“现代”的车标都近似一个“H”，本田的“H”是竖直的，现代的“H”是斜着的。在法律人的视野中，两个车标是否类似呢？诚然，本田汽车在市场上销售时间及名气，远远超过现代汽车，但是汽车作为一件大宗消费品，消费者在购买时，不会像去超市买瓶水那样，看都不看就直接拿了。想要购买本田汽车的消费者，不会因为误认车标而导致买错汽车的。因此，在购买汽车的具体场景之中，在法律人眼中，两个车标并不构成相似性。但假如这两个标志是瓶装水的商标的话，大概率就构成相似性了。

在具体案件中，法官需要考虑并权衡各种利益、价值观和权利，以作出适当的裁决。这涉及对不同利益的取舍和优先保护的问题。通过结合具体案件的事实、法律背景和社会情境，法官可以做出具体的判断，确定何种利益应该获得优先保护。这种利益衡量是实际问题而非哲学问题。在不同的价值理想之间，并不存在一般性的优先次序，只能在个案中进行比较和权衡。[1]它意味着在具体案件中，法官并不需要解决抽象的哲学问题，而是需要解决实际问题，即在具体情境下作出判断和决策。法官可以依靠

〔1〕 陈坤：《论法律解释目标的逐案决定》，载《中国法学》2022年第5期。

现有的法律框架、先例和法律制度，结合对案件的全面了解，进行具体的利益衡量和取舍。[1]即使是在最高人民法院的公报案例、指导案例中，也存在一些互相“打架”的判决。一定意义上，这是因为在每一个个案的具体场景中，并不存在普遍适用的优先次序，由于案件之间的细微差别，导致了法官的不同利益或价值取舍。因此，我们需要法官去进行个案裁判。法官的这种能力，至少现在为止，还无法被人工智能所取代。

---

〔1〕 梁上上：《利益衡量论》，北京大学出版社 2021 年版，第 81 页。

结 语

存疑利益

——风险社会一个越来越需要正视的问题

风险“这个词在17世纪才得以变为英语，它可能来源于一个西班牙的航海术语，意思是遇到危险或者是触礁……这个概念的诞生是随着人们意识到这一点而产生的……风险在很大程度上取代了过去人们对于‘幸运’（命或命运）的想法，并且与宇宙决定论相分离”[1]。但应该没有哪个时代的人，比现在的我们，对风险有更直观的体验。“风险社会”是德国社会学家乌尔里希·贝克（Ulrich Beck）在20世纪80年代提出的理论概念。它描述了在现代社会中，风险和不确定性成为主要的社会特征的情况。在传统的工业社会中，人们主要面对的是生产过程中的危险，如工业事故和环境污染等；而在风险社会中，由于科技的发展和全球化的影响，人们面临的风险更加复杂和全面。“在今天，文明的风险大多难以感知，这种风险定居在物理和化学的方程式内（如食物毒素、核威胁）”。[2]这些风险包括核能事故、环境灾难、全球气候变化、生物技术的应用以及全

〔1〕［英］安东尼·吉登斯：《现代性的后果》，田禾译，译林出版社2011年版，第27页。

〔2〕［德］乌尔里希·贝克：《风险社会：新的现代性之路》，张文杰、何博闻译，译林出版社2022年版，第16页。

球经济的不稳定等。风险社会的特征之一是风险的社会化。传统讲，风险主要由特定的职业群体或个人承担，如工人在工作中面临的危险。但在风险社会中，风险的产生者和承受者并不总是同一群体。风险扩散到了整个社会，无论个人的社会地位或职业如何，每个人都可能面临各种风险。此外，风险社会还强调了科学与技术的角色。科学和技术的进步带来了许多便利和发展，但也带来了新的风险和不确定性。人们对科技的依赖导致了对科学家和专家的需求，同时也引发了公众对科技发展可能带来的风险的担忧和质疑。"即便对今天的专家们来说，对不远的将来作出预测，亦非其能力所及。科技界风暴式的进步，媒体界潮流般的各地新闻，企业与国家之间愈加紧密的全球化联系，让人无法对发展一目了然。看似细小的、偶然的事件对历史进程的决定性作用日益增强。"〔1〕

科学技术的迅速发展在生物学和伦理学领域引发了一系列新的问题和挑战。在基因编辑和基因改造领域中，新兴的基因编辑技术使得对生物基因进行编辑和改造变得更加容易，这引发了一系列伦理和法律上的问题，如人类胚胎基因编辑是否道德、基因改造是否应该受到限制等；在生物医学研究领域中，生物医学研究的进展涉及人体试验、个体基因信息保护、医学数据隐私等问题；在人工生殖技术领域中，人工生殖技术的发展引发了一系列与生殖权、亲子关系和遗传信息有关的法律问题。这包括对辅助生殖技术的合法性、胚胎移植的监管、捐精和捐卵的法律规定等。美国前总统克林顿曾于2000年6月26日在"人类基因组计划"完成人类DNA序

〔1〕［德］斯坦芬·科兰奈：《偶然造就一切》，刁晓瀛译，上海人民出版社2007年版，第12页。

列第一份完整草图的演讲中提到："当我们考虑如何利用新发现时，我们也绝不能放弃我们最古老和最珍视的人类价值观。我们必须确保新的基因组科学及其益处将用于改善世界上所有公民的生活，而不仅仅是少数特权人士。当我们解开人类基因组的秘密时，我们必须同时努力确保新发现永远不会撬开隐私之门。我们必须保证基因信息不能被用来污名化或歧视任何个人或群体。"[1]2023 年 2 月份，国家卫生健康委、教育部、科技部和国家中医药局四部委联合发布《涉及人的生命科学和医学研究伦理审查办法》。该办法较之 2016 年 12 月施行的《涉及人的生物医学研究伦理审查办法》，有如下主要变化：第一，增加了高等学校、科研院所作为应当开展伦理审查工作的主体；第二，将人的健康记录与行为等归类为"信息数据"；第三，研究活动增加"生殖、生长、发育、衰老"等研究内容，从事相关研究的机构，如医美研究，也需要开展伦理审查；第四，企业与医院或科研院校合作研究时的伦理审查要求，还要求双方在协议中明确生物样本、信息数据的使用范围、处理方式，并在研究结束后监督妥善处置。

风险社会对法律的社会控制提出了新的要求。在传统的工业社会中，监管和保护制度通常针对生产过程中的危险，如工业事故、劳工保护等。然而，在风险社会中，由于科技的进步、全球化和其他复杂因素的影响，人们面临的风险变得更加广泛、复杂和全面。这些风险可能涉及环境问题、全球气候变化、金融危机、社会不平等、健康风险等，而这些风险往

〔1〕 Remarks by the President, Prime Minister Tony Blair of England (via satellite), Dr. Craig Venter, President and Chief Scientific Officer, Celera Genomics Corporation, on the completion of the first survey of the entire human genome project at https://clintonwhitehouse3.archives.gov/WH/New/html/genome-20000626.html (Last visited on 15 June, 2023)

往超出了传统的监管制度的范围。

“风险社会中，有必要发展与构建一种全新的刑法立法观。这种刑法立法观立足于对现实社会问题的考量，而不是形而上学的单纯理性化的构想，追求发挥刑法立法的社会功能，注重对社会问题的积极回应。”[1]此外，预防性刑法观也应在风险社会的背景下展开讨论。相对于传统的古典刑法观，预防性刑法观不再严格依赖于已经发生的法益侵害结果来追究刑事责任，而是注重未来的安全和预防潜在的法益侵害危险。它强调提前介入、控制潜在犯罪危险，以实现有效的社会控制。[2]这意味着刑法的目标不仅仅是追究犯罪责任，更重要的是通过预防措施来预防犯罪行为的发生，以确保社会的安全和稳定。

风险社会对于民法和行政法领域都带来了新的挑战。在风险社会中，个人和组织面临更多的风险和潜在的损害。这使得民法领域需要考虑更广泛的责任范围，包括环境污染、产品责任、医疗事故等领域的责任扩展。此外，科技进步和新兴产业的出现引发了新型合同和权利关系的产生，例如数字化合同、虚拟资产等，民法需要适应这些新兴形式，确保相关权益得到保护。在行政法中，对于新兴技术的监管，环境保护、食品安全等领域需要行政法提供灵活、高效的管理机制。同时，行政法需要具备一定的灵活性和创新性，以适应不断变化的社会和经济环境。

本书探讨了法律框架内的不确定性对利益分配和社会正义实现的影响。存疑利益的形成原因包括自然方面的因素（出生、运气），社会方面

---

〔1〕 劳东燕：《风险社会与功能主义的刑法立法观》，载《法学评论》2017年第6期。

〔2〕 何荣功：《预防刑法的扩张及其限度》，载《法学研究》2017年第4期。

的因素（社会变迁、公众舆论）以及法律自身的原因（法律文本的模糊、法律事实真伪不明）。存疑利益分配应遵循的原则，包括弱者保护原则、信赖利益保护原则和合理性原则。这些原则在各自的作用范围内发挥不同但相互补充的功能，一起应用时可以形成协同效应，使整体效果大于各个原则单独应用时的效果之和。这种互相补充和协同的关系有助于形成更复杂和全面的存疑利益解决方案。存疑利益分配的方法，包括初次分配的推定和拟制，再次分配的自由裁量。推定和拟制是在法律制定过程中存疑利益的分配方法，自由裁量则是在法律适用过程中，在存疑利益分配原则的指导下采用的分配方法。

在风险社会的背景下，社会的不确定性和风险呈几何倍增长。针对这一现实情况，本书旨在抛砖引玉，以期引起更多同行对存疑利益领域的关注和研究。这样可以促进法律制度的不断完善，为处理不确定性风险提供更有效的方法和途径。同时，也能为法官和决策者在权衡不同利益、确保公正和合理的利益分配方面提供参考。笔者期待本书能够成为一个起点，使得存疑利益的研究从原则和方法走向制度，从微观上零散的碎片向宏观上风险的系统控制迈进。

参考文献

（一）中文著作

[1] 程燎原、王人博：《赢得神圣——权利及其救济通论》，山东人民出版社 1998 年版。

[2] 翟学伟：《人情、面子与权力的再生产》，北京大学出版社 2005 年版。

[3] 郭道晖：《法理学精义》，湖南人民出版社 2005 年版。

[4] 何家弘：《司法证明方法与推定规则》，法律出版社 2018 年版。

[5] 黄风编著：《罗马法词典》，法律出版社 2002 年版。

[6] 黄茂荣：《法学方法与现代民法》，中国政法大学出版社 2001 年版。

[7] 梁慧星：《民法解释学》，中国政法大学出版社 1997 年版。

[8] 梁上上：《利益衡量论》，北京大学出版社 2021 年版。

[9] 梁治平编：《法律的文化解释》，生活·读书·新知三联书店 1994 年版。

[10] 林立：《波斯纳与法律经济分析》，上海三联书店 2005 年版。

[11] 刘应明、任平：《模糊性——精确性的另一半》，清华大学出版社、暨南大学出版社 2000 年版。

[12] 乔晓阳主编：《立法法讲话》，中国民主法制出版社 2000 年版。

[13] 邱昭继：《法律的不确定性与法治——从比较法哲学的角度看》，中国政法大学出版社 2013 年版。

[14] 谭培文：《马克思主义的利益理论——当代历史唯物主义的重构》，人民出版社 2013 年版。

[15] 王利明：《法学方法论》，中国人民大学出版社 2011 年版。

[16] 王伟光：《利益论》，中国社会科学出版社 2010 年版。

[17] 翁岳生：《行政法与现代法治国家》，五南出版社 1976 年版。

[18] 谢晖：《法律哲学》，湖南人民出版社 2009 年版。

[19] 谢望原：《刑罚价值论》，中国检察出版社 1999 年版。

[20] 张文显：《二十世纪西方法哲学思潮研究》，法律出版社 1996 年版。

[21] 张文显主编：《法理学》，高等教育出版社、北京大学出版社 2007 年版。

[22] 张武举：《刑法的伦理基础》，法律出版社 2008 年版。

[23] 张玉堂：《利益论——关于利益冲突与协调问题的研究》，武汉大学出版社 2001 年版。

[24] 赵奎礼：《利益学概论》，辽宁教育出版社 1992 年版。

[25] 郑也夫：《信任论》，中国广播电视出版社 2006 年版。

[26] 周安平：《大数法则——社会问题的法理透视》，中国政法大学出版社 2010 年版。

[27] 周安平：《常识法理学》，北京大学出版社 2021 版。

[28] 周永坤：《法理学——全球视野》，法律出版社 2000 年版。

（二）中文论文

[29] 敖海静：《公共选择与法律——利益集团理论之述评》，载《厦门大学法律评论》2019 年第 1 期。

[30] 毕洪海：《瑞典信息公开原则的诞生与演进》，载《环球法律评论》2016 年第

3 期。

[31] 陈景辉：《规则、道德衡量与法律推理》，载《中国法学》2008 年第 5 期。

[32] 陈坤：《论法律解释目标的逐案决定》，载《中国法学》2022 年第 5 期。

[33] 陈坤：《运气与法律》，载《中外法学》2011 年第 1 期。

[34] 邓子滨：《诉讼模式如何影响审判结果》，载《读书》2019 年第 6 期。

[35] 高宁一：《论经济法律中的利益与平衡》，载《现代营销（下旬刊）》2015 年第 4 期。

[36] 何佩佩：《论环境法律对环境利益的保障》，载《广东社会科学》2017 年第 5 期。

[37] 何荣功：《预防刑法的扩张及其限度》，载《法学研究》2017 年第 4 期。

[38] 洪川：《德沃金关于法的不确定性和自主性的看法》，载《环球法律评论》2001 年第 1 期。

[39] 黄风龙：《所有权：是一种权利，但不仅仅是一种权利——霍菲尔德的基本法律概念及其价值》，载《私法》2012 年第 1 期。

[40] 季卫东：《法律职业的定位——日本改造权力结构的实践》，载《中国社会科学》1994 年第 2 期。

[41] 姜峰：《在法的确定性与不确定性之间——〈法理学问题〉随想》，载《法律方法》2002 年第 0 期。

[42] 劳东燕：《风险社会与功能主义的刑法立法观》，载《法学评论》2017 年第 6 期。

[43] 李拥军：《从“人可非人”到“非人可人”：民事主体制度与理念的历史变迁——对法律“人”的一种解析》，载《法制与社会发展》2005 年第 2 期。

[44] 梁慧星：《电视节目预告表的法律保护与利益衡量》，载《法学研究》1995 年第 2 期。

[45] 刘星：《多元法条主义》，载《法制与社会发展》2015 年第 1 期。

[46] 卢鹏：《法律拟制正名》，载《比较法研究》2005 年第 1 期。

[47] 陆平辉：《利益冲突的法律控制》，载《法制与社会发展》2003 年第 2 期。

[48] 吕宁：《伦理与法律：网络舆论与法院审判的冲突与平衡》，载《求索》2010 年第 3 期。

[49] 马可：《文明演进中利益衡平的法律控制——兼论通向生态文明的法律理性》，载《重庆大学学报（社会科学版）》2010 年第 4 期。

[50] 邱昭继：《法律的不确定性与法治的可能性》，载《政法论丛》2013 年第 1 期。

[51] 阮神裕：《民法典视角下个人信息的侵权法保护——以事实不确定性及其解决为中心》，载《法学家》2020 年第 4 期。

[52] 苏力：《“海瑞定理”的经济学解读》，载《中国社会科学》2006 年第 6 期。

[53] 苏力：《法律规避和法律多元》，载《中外法学》1993 年第 6 期。

[54] 苏力：《纠缠于事实与法律之中》，载《法律科学（西北政法学院学报）》2000 年第 3 期。

[55] 汪再祥：《转基因食品强制标识之反思——一个言论自由的视角》，载《法学评论》2016 年第 6 期。

[56] 王国龙：《判决的可预测性与司法公信力》，载《求是学刊》2014 年第 1 期。

[57] 王浩东：《公共健康视阈下我国食品信息标签规制之检视》，载《南京医科大学学报（社会科学版）》2021 年第 5 期。

[58] 王洪：《法的不确定性与可推导性》，载《政法论丛》2013 第 1 期。

[59] 王涌：《寻找法律概念的“最小公分母”——霍菲尔德法律概念分析思想研究》，载《比较法研究》1998 年第 2 期。

[60] 许旭荣：《风险社会对法律的拷问——“风险社会的形成与法的确定性”研讨会综述》，载《华东政法大学学报》2009 年第 6 期。

[61] 杨海坤：《法律·利益调整·社会稳定和发展》，载《江苏社会科学》1993 年第 3 期。

[62] 余文唐:《事实推定:概念重塑与界限甄辨》,载《法律适用》2023 年第 3 期。

[63] 张成兴:《试论利益概念》,载《青海社会科学》2000 年第 4 期。

[64] 张军:《法官的自由裁量权与司法正义》,载《法律科学(西北政法大学学报)》2015 年第 4 期。

[65] 张涛:《利益衡量:作为民事立法的方法论选择》,载《东南学术》2012 年第 4 期。

[66] 赵晓琦:《法律的博弈分析——以〈个人所得税法〉影响评估为例》,载《山西省政法管理干部学院学报》2015 年第 4 期。

[67] 郑家良:《“环境公共利益”的法律表达与解释限缩》,载《华东政法大学学报》2021 年第 6 期。

[68] 周安平:《诉讼调解与法治理念的悖论》,载《河北学刊》2006 年第 6 期。

[69] 周安平:《许霆案的民意:按照大数法则的分析》,载《中外法学》2009 年第 1 期。

[70] 周丽婷:《论行政自由裁量权的滥用及其程序性控制》,载《武汉大学学报(哲学社会科学版)》2012 年第 1 期。

[71] 周少华:《法律之道:在确定性与灵活性之间》,载《法律科学(西北政法大学学报)》2011 年第 4 期。

[72] 周旺生:《论法律利益》,载《法律科学(西北政法学院学报)》2004 年第 2 期。

[73] 朱苏力:《制度是如何形成的?——关于马歇尔诉麦迪逊案的故事》,载《比较法研究》1998 年第 1 期。

(三)中文学位论文

[74] 张玉洁:《法律文本中的模糊语词运用研究》,山东大学 2016 年博士学位论文。

[75] 郑金虎:《司法过程中的利益衡量研究》,山东大学 2010 年博士学位论文。

（四）英文译著

[76]［奥］欧根·埃利希：《法社会学原理》，舒国滢译，中国大百科全书出版社 2009 年版。

[77]［奥］维特根斯坦：《逻辑哲学论》，郭英译，商务印书馆 1962 年版。

[78]［奥］尤根·埃利希：《法律社会学基本原理》，叶名怡、袁震译，中国社会科学出版社 2009 年版。

[79]［比］马克·范·胡克：《法律的沟通之维》，孙国东译，法律出版社 2008 年版。

[80]［德］N·霍恩：《法律科学与法哲学导论》，罗莉译，法律出版社 2005 年版。

[81]［德］A·J·艾耶尔：《语言、真理与逻辑》，尹大贻译，上海译文出版社 2006 年版。

[82]［德］伯恩·魏德士：《法理学》，丁小春、吴越译，法律出版社 2003 年版。

[83]［德］菲利普·黑克：《利益法学》，傅广宇译，商务印书馆 2016 年版。

[84]［德］尤尔根·哈贝马斯：《交往行为理论：行为合理性与社会合理性》（第一卷），曹卫东译，上海人民出版社 2004 年版。

[85]［德］尤尔根·哈贝马斯：《理论与实践》，郭官义、李黎译，社会科学文献出版社 2004 年版。

[86]［德］赫尔曼·康特洛维茨：《为法学而斗争：法的定义》，雷磊译，中国法制出版社 2011 年版。

[87]［德］汉斯—格奥尔格·加达默尔：《真理与方法——哲学诠释学的基本特征》，洪汉鼎译，上海译文出版社 1999 年版。

[88]［德］卡尔·拉伦茨：《法学方法论》，陈爱娥译，商务印书馆 2003 年版。

[89]［德］恩斯特·卡西尔：《人文科学的逻辑》，关子尹译，上海译文出版社 2004 年版。

[90]［德］亚图·考夫曼：《类推与“事物本质”——兼论类型理论》，吴从周译，学林文化事业有限公司1999年版。

[91]［德］莱奥·罗森贝克：《证明责任论》，庄敬华译，中国法制出版社2018年版。

[92]［德］斯坦芬·科兰奈：《偶然造就一切》，刁晓瀛译，上海人民出版社2007年版。

[93]［德］乌尔里希·贝克：《风险社会：新的现代性之路》，张文杰、何博闻译，译林出版社2022年版。

[94]［法］埃米尔·涂尔干：《社会分工论》，渠东译，生活·读书·新知三联书店2000年版。

[95]［美］迈克尔·D. 贝勒斯：《程序正义——向个人的分配》，邓海平译，高等教育出版社2005年版。

[96]［美］A. L. 考夫曼：《卡多佐》，张守东译，法律出版社2001年版。

[97]［美］E·博登海默：《法理学：法律哲学与法律方法》，邓正来译，中国政法大学出版社2004年版。

[98]［美］J. 范伯格：《自由、权利和社会正义——现代社会哲学》，王守昌、戴栩译，贵州人民出版社1998年版。

[99]［美］P. 诺内特、P. 塞尔兹尼克：《转变中的法律与社会：迈向回应型法》，张志铭译，中国政法大学出版社2004年版。

[100]［美］道格拉斯·G·拜尔、罗伯特·H·格特纳、兰德尔·C·皮克：《法律的博弈分析》，严旭阳译，法律出版社1999年版。

[101]［美］本杰明·卡多佐：《司法过程的性质》，苏力译，商务印书馆2000年版。

[102]［美］彼得·M. 布劳：《社会生活中的交换与权力》，李国武译，商务印书馆2008年版。

[103]［美］理查德·A·波斯纳：《超越法律》，苏力译，中国政法大学出版社2001年版。

[104] [美] 波斯纳:《法理学问题》,苏力译,中国政法大学出版社 1994 年版。

[105] [美] 理查德·A·波斯纳:《法律的经济分析》,蒋兆康译,中国大百科全书出版社 1997 年版。

[106] [美] 理查德·A·波斯纳:《法律理论的前沿》,武欣、凌斌译,中国政法大学出版社 2003 年版。

[107] [美] 理查德·A·波斯纳:《正义/司法的经济学》,苏力译,中国政法大学出版社 2002 年版。

[108] [美] 布赖恩·比克斯:《法律、语言与法律的确定性》,邱昭继译,法律出版社 2007 年版。

[109] [美] 戴维·巴斯:《进化心理学:心理的新科学》,张勇、蒋柯译,商务印书馆 2015 年版。

[110] [美] 丹尼尔·卡尼曼:《思考,快与慢》,胡晓姣、李爱民、何梦莹译,中信出版社 2012 年版。

[111] [美] 德沃金:《法律帝国》,李常青译,中国大百科全书出版社 1996 年版。

[112] [美] 冯·诺伊曼、摩根斯顿:《博弈论与经济行为》,王文玉、王宇译,生活·读书·新知三联书店 2004 年版。

[113] [美] 弗兰克·H. 奈特:《风险、不确定性和利润》,安佳译,商务印书馆 2010 年版。

[114] [美] 赫伯特·金迪斯、萨缪·鲍尔斯等:《人类的趋社会性及其研究——一个超越经济学的经济分析》,浙江大学跨学科社会科学研究中心译,上海人民出版社 2006 年版。

[115] [美] 凯瑟琳·佩奇·哈登:《基因彩票》,陆大鹏译,辽宁人民出版社 2023 年版。

[116] [美] 肯尼斯·卡尔普·戴维斯:《裁量正义》,毕洪海译,商务印书馆 2009

年版。

[117] [美] 劳伦斯·罗森:《法律与文化:一位法律人类学家的邀请》,彭艳崇译,法律出版社 2011 年版。

[118] [美] 罗斯科·庞德:《法理学》(第三卷),廖德宇译,法律出版社 2007 年版。

[119] [美] 迈克尔·舍默:《当经济学遇上生物学和心理学》,闾佳译,中国人民大学出版社 2009 年版。

[120] [美] 纳西姆·尼古拉斯·塔勒布:《黑天鹅——如何应对不可预知的未来》,万丹译,中信出版社 2009 年版。

[121] [美] 托马斯·内格尔:《人的问题》,万以译,上海译文出版社 2021 年版。

[122] [美] 小奥利弗·温德尔·霍姆斯:《法律的道路》,载 [美] 斯蒂文·J·伯顿主编:《法律的道路及其影响——小奥利弗·温德尔·霍姆斯的遗产》,张芝梅、陈绪刚译,北京大学出版社 2005 年版。

[123] [美] 亚历山大·J·菲尔德:《利他主义倾向——行为科学、进化理论与互惠的起源》,赵培、杨思磊、杨联明译,长春出版社 2005 年版。

[124] [美] 约翰·W·斯特龙主编:《麦考密克论证据》,汤维建等译,中国政法大学出版社 2004 年版。

[125] [美] 约翰·杜威:《逻辑方法与法律》,李娟译,载葛洪义主编《法律方法与法律思维》(第 4 辑),法律出版社 2007 年版。

[126] [美] 约翰·罗尔斯:《正义论》,何怀宏、何包钢、廖申白译,中国社会科学出版社 2009 年版。

[127] [日] 加藤一郎:《民法的解释与利益衡量》,梁慧星译,载梁慧星主编:《民商法论丛》(第 2 卷),法律出版社 1994 年版。

[128] [日] 棚濑孝雄:《纠纷的解决与审判制度》,王亚新译,中国政法大学出版社 2004 年版。

[129] [瑞典] 理查德·斯威德伯格:《利益》, 周明军译, 中央编译出版社 2020 年版。
[130] [英] 安东尼·吉登斯:《现代性的后果》, 田禾译, 译林出版社 2011 年版。
[131] [英] 保罗·西布莱特:《陌生人群——一部经济生活的自然史》, 梁娜译, 东方出版社 2007 年版。
[132] [英] 伯纳德·威廉斯:《道德运气》, 徐向东译, 上海译文出版社 2007 年版。
[133] [英] 戴维·M·沃克:《牛津法律大辞典》, 李双元等译, 法律出版社 2003 年版。
[134] [英] 蒂莫西·A. O. 恩迪科特:《法律中的模糊性》, 程朝阳译, 北京大学出版社 2010 年版。
[135] [英] 哈特:《法律的概念》, 许家馨、李冠宜译, 法律出版社 2006 年版。
[136] [英] 霍布斯:《利维坦》, 黎思复、黎廷弼译, 商务印书馆 1985 年版。
[137] [英] 卡尔·波普尔:《猜想与反驳: 科学知识的增长》, 傅季重等译, 中国美术学院出版社 2003 年版。
[138] [英] 理查德·贝拉米:《自由主义与现代社会》, 毛兴贵等译, 江苏人民出版社 2008 年版。
[139] [英] 尼尔·麦考密克:《法律制度: 对法律理论的一种解说》, 陈锐、王琳译, 法律出版社 2019 年版。
[140] [英] 萨达卡特·卡德里:《审判为什么不公正》, 杨雄译, 新星出版社 2014 年版。
[141] [英] 沃尔什:《历史哲学导论》, 何兆武、张文杰译, 广西师范大学出版社 2001 年版。
[142] [英] 亚当·斯密:《道德情操论》, 蒋自强等译, 商务印书馆 1997 年版。
[143] [英] 亚当·斯密:《国民财富的性质和原因的研究》(下卷), 郭大力、王亚南译, 商务印书馆 1974 年版。

[144] [英] 约瑟夫·拉兹:《法律的权威:法律与道德论文集》,朱峰译,法律出版社2005年版。

(五) 英文文献

[145] Adam Smith, *The Theory of Moral Sentiments*, Cambridge University Press, 2002.

[146] Aileen Kavanagh, "Original Intention, Enacted Text, and Constitutional Interpretation", *American Journal of Jurisprudence*, 47 (2002).

[147] Brian Leiter, "Legal Indeterminacy", *Legal Theory*, 1 (1995).

[148] Burt Neuborne, "Of Sausage Factories and Syllogism Machines, Formalism, Realism, and Exclusionary Selection Techniques," *New York University Law Review*, 67 (1992).

[149] Carol M. Rose. "Crystals and Mud in Property Law", *Stanford Law Review*, 40 (1988).

[150] Cass R. Sunstein, *Legal Reasoning and Political Conflict*, Oxford University Press, 1996.

[151] David Lyons, "Moral Aspects of Legal Theory", *Midwest Studies in Philosophy*, 7 (1982).

[152] David Lyons, "Open Texture and the Possibility of Legal Interpretation", *Law and Philosophy*, 18 (1999).

[153] Felix S. Cohen, "Transcendental Nonsense and the Functional Approach", *Columbia Law Review*, 35 (1935).

[154] James Landis, "A Note on, Statutory Interpretation", *Harvard Law Review*, 43 (1930).

[155] John Dewey, "Logical Method and the Law", *Cornell Law Quarterly*, 10 (1924).

[156] Kent Greenawalt, "The Enduring Significance of Neutral Principles", *Columbia Law Review*, 78 (1978) .

[157] M. P. Golding, "Principled Decision-making and the Supreme Court", *Columbia Law*

Review, 63 (1963) .

[158] Neil MacCormick, *Legal Reasoning and Legal Theory*, Oxford University Press, 1978

[159] Oliver Wendell Holmes, Jr. , "The Path of the Law, *Harvard Law Review*, 10 (1897).

[160] R. Pound, "Jurisprudence" . *West Publishing*, 3 (1959).

[161] Richard A. Posner, "Legislation and Its Interpretation: A Primer", *Nebraska Law Review*, 68 (1989).

[162] Richard A. Posner, "Judges' Writing Style (And Do They Matter?) ", *University of Chicago Law Review*, 62 (1995)。

[163] Richard D. Friedman, "Standards of Persuasion and Distinction between Fact and Law," *Northwestern University Law Review*, 86 (1992) .

[164] Ronald Dworkin, *A Matter of Principle*, Harvard University Press, 1985.

[165] Ronald Dworkin, *Law's Empire*, Harvard University Press, 1986.

[166] Ronald J. Allen & Michael S. Pardo, "The Myth of the Law-Fact Distinction", *Northwestern University Law Review*, 97 (2003) .

[167] Stephen A. Weiner, "The Civil Jury Trial and the Law-Fact Distinction", *California Law Review*, 54 (1966) .

[168] William N. Eskridge, "Norms, Empiricism, and Canons in Statutory Interpretation", *The University of Chicago Law Review*, 66 (1999).

致　谢

当本书写到这里，心中感慨万千。

真诚感谢我的导师周安平教授。谢谢他告诉我“一天 50 页，一年 50 本”，这个小小的习惯，让我受益终生。他深厚的学识、严谨的治学态度使我受益匪浅。感谢恩师在我受到挫折时给予的鼓励和开导，他的真诚、友善、温暖，永远都是我的榜样和方向！

真诚感谢刘小冰教授、熊樟林教授、王太高教授、肖泽晟教授、金俭教授、狄小华教授、张仁善教授、赵娟教授、陈坤教授在我的学习以及论文开题、写作和答辩过程中所给予的指导、建议和意见。他们的专业知识和宝贵意见着实帮助了我提升论文的质量。他们的风采与学术魅力让我对“学者”有了具象而直接的认识，心向往之。

真诚感谢我的同窗们。在南大法学院里我有幸遇到了一群小伙伴，他们醉心法学，将学术作为毕生事业，我为他们的思辨能力和社会责任感深深折服。特别感谢我的同门师弟韦邦龙、黄竹鋆，师妹邢洁在我不在学校的日子里给予的种种帮助，愿未来的日子里，我们一直相伴，携手前行。

真诚感谢我的家人。他们给予我的理解、鼓励和关心对我来说意义重大。无论是精神上的支持还是日常生活的帮助，他们的存在都是我前进的动力。

感谢书籍，感谢知识。在这个娱乐至死的年代，大部分人倾向于看七十个字的微博，两分钟的短视频。感谢读博这段独特而丰富的学习经历给予我的成长。感谢书本让我拥有属于自己的更深刻的世界。

金　晶

2023 年于南京大学法学院